DER AACHENER DOM

DER AACHENER DOM

TEXT **WALTER MAAS**

FOTOS **HERBERT WOOPEN**

UND MICHAEL CHAUVISTRÉ · HERBERT CLEMENS
DIETER LENZEN

VORWORT ERICH STEPHANY

GREVEN VERLAG KÖLN

Für kritische Durchsicht des Manuskripts ist der Verfasser dem Domkustos, Msgr. Prof. Dr.-Ing. E. h. Erich Stephany, sehr dankbar. Herr Dipl.-Ing. Matthias Kempen, der Statiker des Domes, hat die sein Fachgebiet betreffenden Abschnitte mit engagiertem Interesse begleitet. Für freundliche Auskunft und Hilfe sei dem früheren Dombaumeister, Dr. Felix Kreusch, sowie Frau Dorothee Hugot und Frau Irene Hugot herzlich gedankt. Ebenso fühlen sich die Autoren den Herren Rechtsanwalt Fritz Minz und Dr. Albert Woopen in Köln für ihren hilfreichen Rat sehr verbunden.

Schutzumschlag Vorderseite:
Im Obergeschoß des Domes — Blick von Nordosten auf die Arkaden im Südwesten und Westen (mit Königsstuhl)
Schutzumschlag Rückseite:
Karl der Große mit dem Modell des Domes, das er der Muttergottes darbringt. Ausschnitt vom Karlsreliquiar. Silber getrieben, z. T. vergoldet; Mitte 14. Jahrhundert. Aachen, Domschatz

Vorsatz vorne:
Ausschnitt aus dem linken Viertel des südwestlichen Bronzegitters. Aachen, um 800
Vorsatz hinten:
Ausschnitt aus dem Mittelteil des östlichen Bronzegitters. Aachen, um 800

Fotonachweis:
Die Aufnahmen vom Aachener Dom und seinen Kunstwerken sind eigens für dieses Buch angefertigt worden (mit Ausnahme solcher Bauteile oder Gegenstände, die wegen Baugerüsten oder Restaurierungen längere Zeit nicht fotografiert werden konnten). Zusätzlich stellten Abbildungsvorlagen freundlicherweise zur Verfügung:
Aero-Foto A. Schwarzer, Mönchengladbach (Freigegeben Reg. Präs. Düsseldorf 06/L 101) — S. 10; Bayer. Staatsgemäldesammlungen, Alte Pinakothek, München — S. 35; K. G. Beyer, Weimar — S. 18 oben; Bildarchiv der Kirchenzeitung für das Bistum Aachen — S. 61; Bildarchiv Foto Marburg — S. 23; Bildarchiv der Österreichischen Nationalbibliothek, Wien — S. 21 links; G. Bruchhaus, Aachen — S. 95; Erzbischöfliches Diözesan-Museum, Köln — S. 41; A. Gold, Aachen — S. 12 unten, 13 oben; Germanisches Nationalmuseum, Nürnberg — S. 48 links; Holle-Verlag, Baden-Baden — S. 33; L. Hugot, Aachen — S. 118, 119; M. Jeiter, Aachen — S. 43 rechts; Kunsthistorisches Museum, Wien — S. 46; Landesbildstelle Württemberg, Stuttgart — S. 21 rechts; Verlag Karl Robert Langewiesche, Königstein — S. 20; S. Linckens, Aachen — S. 75; L. von Matt, Buochs — S. 16, 53; A. Münchow, Aachen — S. 42, 44, 49 rechts; A. Nawrath, Bremen — S. 15; H. Schmidt-Glassner, Stuttgart — S. 28 rechts, 55 links; T. Schneiders, Lindau — S. 39 links; Stadtbildstelle Essen — S. 34 links; Verwaltung der staatlichen Schlösser, Gärten und Seen, Museumsabteilung, München — S. 49 links.

CIP — Kurztitelaufnahme der Deutschen Bibliothek

Maas, Walter:
Der Aachener Dom / Text Walter Maas. Fotos Herbert Woopen. Vorw. Erich Stephany. — Köln : Greven, 1984.
ISBN 3-7743-0211-1

NE: Woopen, Herbert:

Graphische Gestaltung: Peter Krolow
Druck: Greven & Bechtold GmbH, Köln
Buchbinder: Hunke & Schröder, Iserlohn

INHALT

Nachbildung eines Aachener Pilgerzeichens, 15. Jahrhundert.
Kleriker zeigen das Kleid der Muttergottes.

Noch immer gilt das schlichte und bewundernde Wort Albrecht Dürers über seinen Aufenthalt in Aachen zur Teilnahme an der Krönung des späteren Kaisers Karl V. aus dem Jahre 1520: »Da hab ich gesehen alle herrlich Köstlichkeit, desgleichen keiner, der bei uns lebt, köstlicher Ding gesehen hat.« Man müßte das Künstlerauge Dürers haben, um den Inhalt dieses Wortes voll ausschöpfen zu können. Es ist uns eine Deutung des Heiligtums von Aachen, das uns im Aachener Dom entgegentritt. Es ist zuallererst ein Gotteshaus von einzigartiger Schönheit und Gestalt — vielfältig wie seine ganze über tausendjährige Geschichte. Es birgt Heiligtümer, die zu den ehrwürdigsten gehören, die uns an Jesus, Maria und Johannes den Täufer erinnern. Man spürt den Atem Karls des Großen, der den Dom begründete. Man hört das Rauschen der Geschichte, wenn man am Kaiserstuhl steht und derer gedenkt, die in diesem Gotteshaus Krone und Reich empfingen. Man glaubt das Gebet der vielen Pilger zu vernehmen. Man fühlt das Staunen der Besucher. Von wo auch immer man sich diesem Heiligtum nähert, es zieht einen unwiderstehlich in seinen Bann. So ist auch dieses Buch entstanden als Werk nicht von Professionellen, sondern wahrhaft Amateuren, die in Text und Bild sich dem Dom genähert haben, um möglichst vielen und verständlich den »Wunderbau« Karls des Großen als Heiligtum, Kunstwerk und Geschichtsmonument zu erschließen.

Erich Stephany

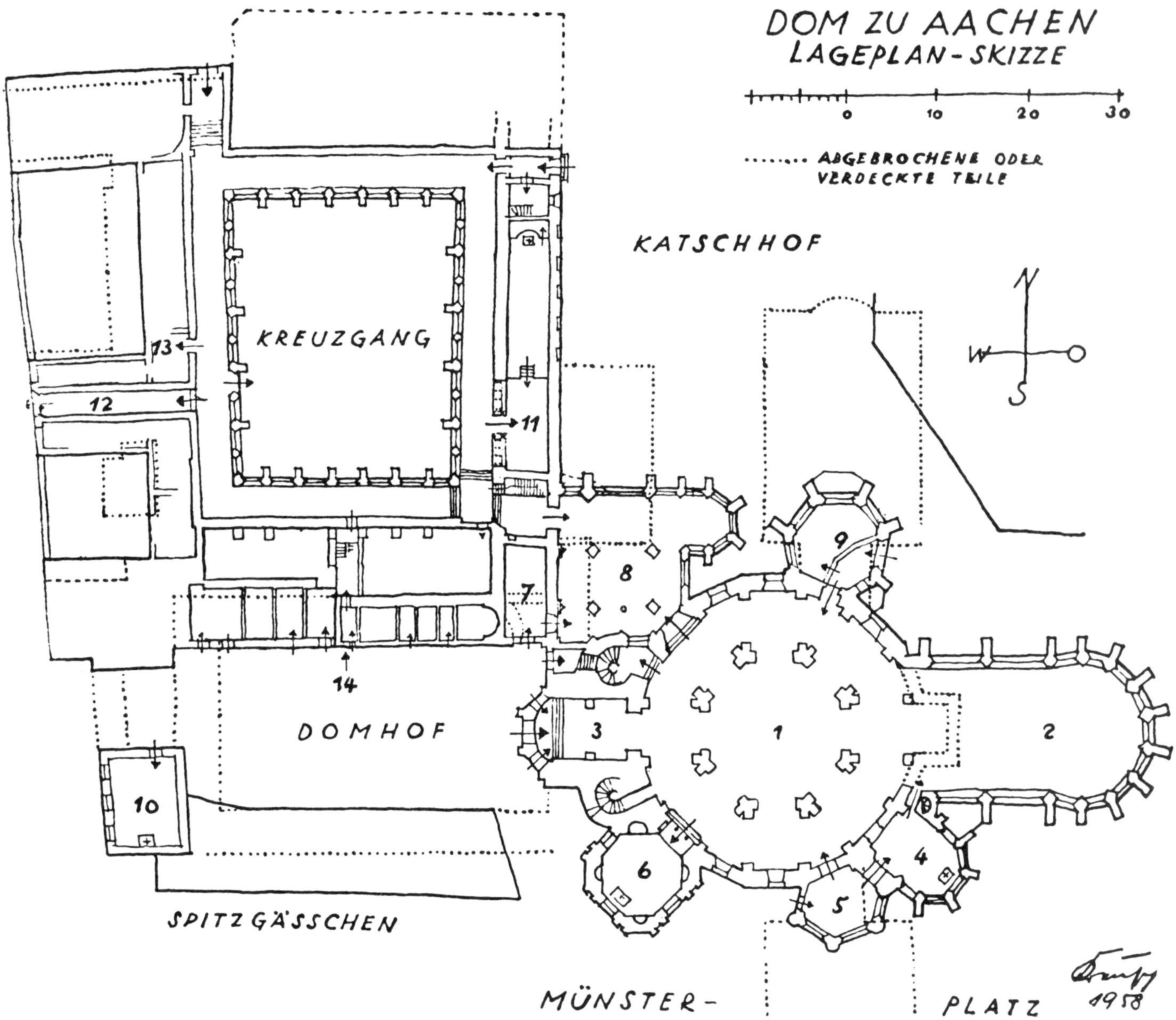

Lageplan der Dombauten

1 Oktogon (um 800 vollendet)
2 Chorhalle (1355—1414)
3 Vorhalle (Portalvorbau 1788)
4 Matthiaskapelle (gleichzeitig mit der Chorhalle gebaut, um 1400 vollendet; zweigeschossig, im unteren Teil Sakristei)
5 Annakapelle (1449 vollendet; zweigeschossig, unten Sakristei)
6 Ungarische Kapelle (1756—1767)
7 Allerheiligenkapelle mit Bischofsgruft (1954/55 angelegt)
8 Nikolauskapelle (vor 1487, Nordseite nicht vollendet; zweigeschossig, oben im Nordosten Michaelskapelle)
9 Hubertuskapelle (1455—1474; zweigeschossig, oben Karlskapelle)
10 Tauf- oder Johanneskapelle (1215 erwähnt; 1766 grundlegend erneuert)
11 Allerseelenkapelle (Rest des karolingischen Verbindungsbaus, vgl. Abb. S. 12, Nr. 11)
12 Kleines Drachenloch (mit spätgotischem Portal zur Klostergasse)
13 Eingang Schatzkammer (Ausstellungsräume 1975—1979; im unteren Raum spätgotisches Tonnengewölbe)
14 Zugang zu Kreuzgang und Schatzkammer (Kreuzgang um 1500, mehrfach erneuert)

(Zeichnung Kreusch 1958; geringfügig verändert)

GESCHICHTLICHE VORAUSSETZUNGEN

Als Karl der Große das unbedeutende Hofgut seines Vaters Pippin in Aachen zu einer großzügigen Pfalz ausbauen ließ, mögen ihn mehrere Gründe zur Wahl gerade dieses Ortes bestimmt haben: Aachen lag in der Kernlandschaft des karolingischen Reiches, nicht allzuweit von den bisher schon bevorzugten königlichen Sitzen wie Herstal, Diedenhofen, Worms oder Nimwegen. Hier war die Nahtstelle zwischen dem romanisch geprägten Westen und dem germanischen Osten. Nicht fern lag das sächsische Stammesgebiet, dessen Eingliederung ins Frankenreich dreißig Jahre lang alle Aufmerksamkeit und Kraft des Herrschers in Anspruch nahm. Von hier aus konnte man in Eifel- und Ardennenwäldern ausgiebig jagen. Ausschlaggebend war aber wohl das heiße Wasser, das hier bis auf den heutigen Tag mit bis zu 73° C aus dem Boden sprudelt. Schon die Römer hatten diese heilkräftigen Quellen seit dem ersten nachchristlichen Jahrhundert für ein Militärbad genutzt. Karl ließ wenigstens teilweise wiederherstellen, was nach den Stürmen der Völkerwanderung noch brauchbar war, so daß er, wie sein Biograph Einhard berichtet, mit hundert Personen seines Gefolges gleichzeitig schwimmen konnte. Hier hielt sich Karl seit 788 immer häufiger auf, hier verbrachte der Hof seit 794 fast alle Winter, hier weilte der Kaiser in den letzten sechs Lebensjahren nahezu ausschließlich. Aachen wurde so zur Lieblingspfalz, zu einer Art ständiger Residenz, und damit zu einem politischen und kulturellen Mittelpunkt, wie es ihn vorher im Frankenreich und auch lange Zeit nachher für die deutschen Könige nicht gegeben hat.

Am Weihnachtsfest des Jahres 800 wurde Karl von Papst Leo III. in Rom zum Kaiser gekrönt. Damit entstand mehr als dreihundert Jahre nach dem Untergang des weströmischen das mittelalterliche oder abendländische Kaisertum. Dieser Akt war die sichtbare Bestätigung der unvergleichlichen Stellung, die sich der Frankenherrscher in den vergangenen drei Jahrzehnten seiner Regierung geschaffen hatte: Er war nicht nur König der Franken, sondern auch der Langobarden; als »Patricius Romanorum« war er der Schutzherr der römischen Kirche und des Kirchenstaates. Mit den Sachsen hatte er den letzten großen germanischen Stamm seinem Reich eingefügt und missioniert. Auch Bayern war fest eingegliedert. Des Königs Wille galt vom Ebro bis zur Elbe und unteren Donau; von der Nordsee bis zum Tyrrhenischen Meer. Seine Herrschaft umfaßte die Gebiete der Bundesrepublik, der Niederlande, Belgiens, der Schweiz und Österreichs, dazu den größten Teil des heutigen Frankreich und Italien. Die spanische Mark bildete einen Riegel gegen weiteres Vordringen der Mauren. Der Awarenring mit seinen unermeßlichen Schätzen war erobert. Mit Harun al Raschid, dem Kalifen von Bagdad, unterhielt das Frankenreich freundschaftliche Beziehungen, so daß sogar ein Vertrag mit der arabischen Großmacht geschlossen werden konnte, der die christlichen Pilger in Jerusalem unter den Schutz des fränkischen Königs stellte.

Was Karl aber zu einem Großen in der Geschichte gemacht hat, ist nicht in erster Linie der machtpolitische Erfolg seiner Herrschaft, der ihn nicht lange überlebt hat, sondern die Fülle der geistig-kulturellen Impulse, die sein Wirken vermittelte. Den so verschiedenen Völkern seines Reiches ermöglichte er neue schöpferische Entwicklungen in Religion, Wissenschaft und Kunst. Karl schuf im Westen des untergegangenen Römischen Reiches ein neues Imperium Christianum, in dem sich die Synthese von Antike, Christentum und Germanentum vollziehen konnte, die Abendland genannt wird. Zusammen mit den hervorragenden Gelehrten seines Hofes, die dem Ruf des Königs fasziniert folgten — den Franken Angilbert und Einhard, dem Westgoten Theodulf, den Langobarden Paulus Diaconus, Petrus von Pisa, Paulinus von Aquileja und dem bedeutendsten von allen, dem Angelsachsen Alcuin —, leitete er alle die Reformen ein, die ihn zu einem so tiefgreifenden Verwandler seiner Welt machten, zum »Vater Europas«, wie ihn schon die Zeitgenossen nannten. Ein »neuer Sinn für Maß und Form überwand die Formlosigkeit der ausgehenden Merowingerzeit.«[1] Immer ging es um Erneuerung, um Ordnung und Vereinheitlichung. Heer-, Gerichts- und Münzwesen wurden grundlegend neu geordnet. Die geistige und sittliche Bildung des Klerus wurde gefördert. Bistums- und Klosterschulen entstanden. Eine neue, schneller zu schreibende und platzsparende Schrift, die elegante karolingische Minuskel, setzte sich schnell durch. Und es wurde abgeschrieben und vervielfältigt! Ohne den Fleiß der karolingischen Mönche wüßten wir weder von den antiken Schriftstellern noch von den Kirchenvätern allzuviel. Karls Hof bemühte sich um korrektes Latein, die Liturgie wurde reformiert, aus Monte Cassino erbat man sich eine genaue Abschrift der Regel Benedikts und schrieb die Einhaltung dieser Regel allen Klöstern vor. Eine vorbildliche Predigtsammlung wurde verbreitet, und natürlich galt die besondere Sorge einwandfreien Bibelexemplaren, die von Abschreib-, Rechtschreib- und sonstigen Fehlern gereinigt sein sollten. Der erwähnte Theodulf machte sogar »den kühnen, für die damalige Zeit unerhörten Versuch, das Werk des Hieronymus« — die maßgebende lateinische Bibelfassung — »nach dem hebräischen Text zu korrigieren«.[2]

Fünfmal war Karl in Italien. Hier muß ihn die Überlegenheit der römisch-byzantinischen Kultur der Spätantike tief beeindruckt haben. Hier fand er die Vorbilder, hier klärten sich die Ziele, die seiner Bildungspolitik zugrunde gelegt wurden. »Karolingische Renaissance« hat man das beispiellose Bestreben des Karlshofes genannt, die germanische Welt der Franken mit der fremden Kultur der Antike zu verbinden. Germanisches wie keltisches Kunstwollen war wesentlich auf das Ornament ausgerichtet, ihm diente eine hochentwickelte Goldschmiedekunst. Die Darstellung des Menschen in Malerei und Plastik hingegen war nahezu unbekannt. Ebenfalls hatte es seit der Römerzeit kein monumentales Bauen in Stein mehr gegeben. Beide Möglichkeiten fand Karl in Italien verwirklicht; sie wurden zu neuen Aufgaben der heimischen Kunst. In den Residenzstädten Pavia, Ravenna und Rom wird dem Frankenkönig auch die Vision eines repräsentativen Mittelpunktes seines Reiches gekommen sein, einer glanzvollen Pfalzanlage, die seinem An-

Aachen, Kern der Innenstadt mit Dom und Rathaus

spruch auf Gleichrangigkeit mit dem Kaiser von Byzanz weithin sichtbaren Ausdruck verleihen sollte.
Nur vor diesem Hintergrund wird die einzigartige Bedeutung des Aachener Domes für die Baukunst Europas einsichtig. Seit nahezu vierhundert Jahren entstand zum ersten Mal nördlich der Alpen wieder große Architektur in Stein, und zwar im Anschluß an die römisch-byzantinische Kaisertradition als Zentralbau. Schon die Zeitgenossen sprachen von einem Wunderwerk. Ein gütiges Geschick hat dieses bedeutendste karolingische Gotteshaus in seinem wesentlichen Kern bis auf den heutigen Tag unversehrt erhalten. Es hat nicht nur die Normannenverwüstungen des Jahres 881 oder den verheerenden Stadtbrand von 1656, der die mittelalterliche Stadt vernichtete, überstanden, sondern auch die Bombenangriffe des Zweiten Weltkrieges, die Aachen zu 60% zerstörten.

BAUZEIT

Weder für den Baubeginn noch für die Vollendung der Pfalz und ihrer Kirche sind zweifelsfreie Baudaten überliefert. Doch dürfte nach 786, allerspätestens 794 mit dem Bau der Pfalzkapelle[3] begonnen worden sein. Sie muß unter außerordentlicher Anstrengung aller Kräfte in erstaunlich kurzer Zeit vollendet worden sein. 798 stehen nach einer Bemerkung Alcuins die Säulen im Oktogon. In den nächsten zwei Jahren wird von Reliquienübertragungen nach Aachen berichtet. Kurz nach 800 ist die Fertigstellung zu vermuten.

AUSRICHTUNG NACH OSTEN

Ein Blick auf den Aachener Stadtplan läßt auch heute noch erkennen, daß die karolingische Pfalzanlage sich gegenüber den benachbarten Straßenzügen eigentümlich »querlegt«. Es gab ja bereits von den Römern her festliegende Verkehrslinien, so z. B. die Jakobstraße, die dem natürlichen Höhenzug folgt, der sich bis zum Plateau des Marktplatzes erstreckt. Die durch Grabungen nachgewiesene kleine Kapelle des pippinschen Hofgutes hatte sich ganz selbstverständlich diesen vorgefundenen Gegebenheiten angepaßt. Nicht so Karls Bau. Der Altar seiner neuen Kirche wird zwar pietätvoll an der Stelle errichtet, an der auch der väterliche gestanden hatte, aber eine Achsverschiebung von 38 Grad sorgt nun für eine genaue Ostung der Kultstätte. Nicht ungefähre Orientierung, sondern exakte Ausrichtung! Der aufgehenden Sonne, dem Symbol des auferstandenen Christus, sollte sich die betende Gemeinde zuwenden; dorthin richtet sich die Pfalzkirche. Diese Achsverschiebung erklärt die zahlreichen dreieckigen Plätze in der Umgebung des Domes.

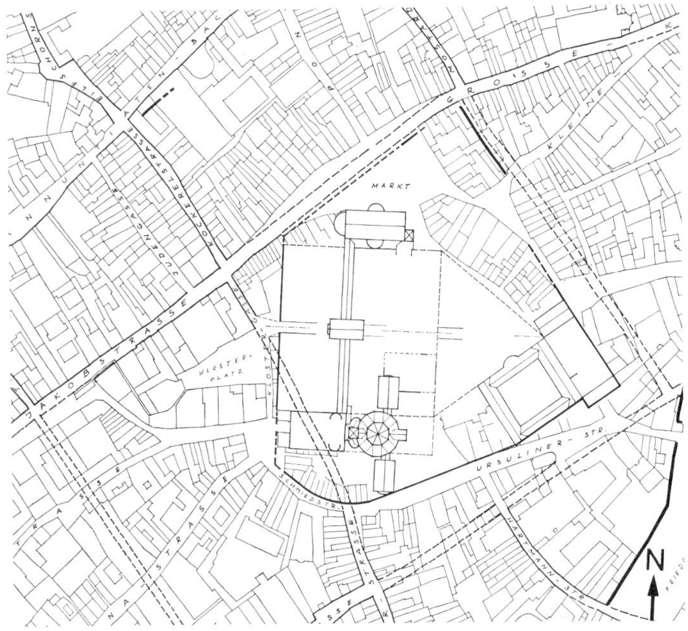

»Querlage« des karolingischen Pfalzbezirks zu den römischen Straßenzügen. Parzellierung aus dem Anfang des 19. Jahrhunderts (Zeichnung Hugot)

REKONSTRUKTION DER KAROLINGISCHEN PFALZ

Das Pfalzmodell von Dombaumeister Hugot aus dem Jahre 1981 (S. 12) zeigt, mit welcher Konsequenz die neue Achse die ganze Anlage bestimmt. Die Königshalle, deren Fundamente und ungefährer Grundriß dem heutigen Rathaus der Stadt entsprechen, liegt in strenger Parallelität zur Kirche. Mögen auch viele Einzelheiten der Hugotschen Rekonstruktion umstritten sein und der weiteren Klärung bedürfen, so steht doch die dominierende Stellung der Pfalzkapelle mit ihrem vorgelagerten Atrium und den zwei großen, streng symmetrisch angeordneten Annexbauten außer Zweifel. Von letzteren kann man nur noch die Grundrißlinien sehen, die in der Pflasterung des Münsterplatzes und des Durchgangs Krämerstraße/Katschhof markiert sind. Vielleicht bezieht sich auf einen dieser Annexbauten der Name »Lateran«, der in karolingischen Quellen überliefert ist. Er diente als Sakristei und Aufbewahrungsort der wertvollen liturgischen Geräte; dort haben auch kirchliche Versammlungen stattgefunden. Offenbar sind die Sakralbauten insgesamt in der Form eines lateinischen Kreuzes angeordnet. Ins Auge fällt der mehrgeschossige Verbindungsbau zwischen Halle und Kirche, von dem sich ein Rest im Osten des Kreuzgangs erhalten hat. Er wird von einem größeren Torhaus unterbrochen. Vielleicht hat es in seinem oberen Teil als Gerichtssaal gedient. Auch hier bleiben mehr offene Fragen als sichere Antworten. Vor allem weiß man nicht, an welcher Stelle in der Gesamtanlage der Pfalz Karls Wohngebäude gelegen und wie sie ausgesehen haben. Nach Hugot darf man sich die kaiserlichen Wohnräume im Obergeschoß der Eingangsarchitektur vorstellen, die der Königshalle südlich vorgelagert war.

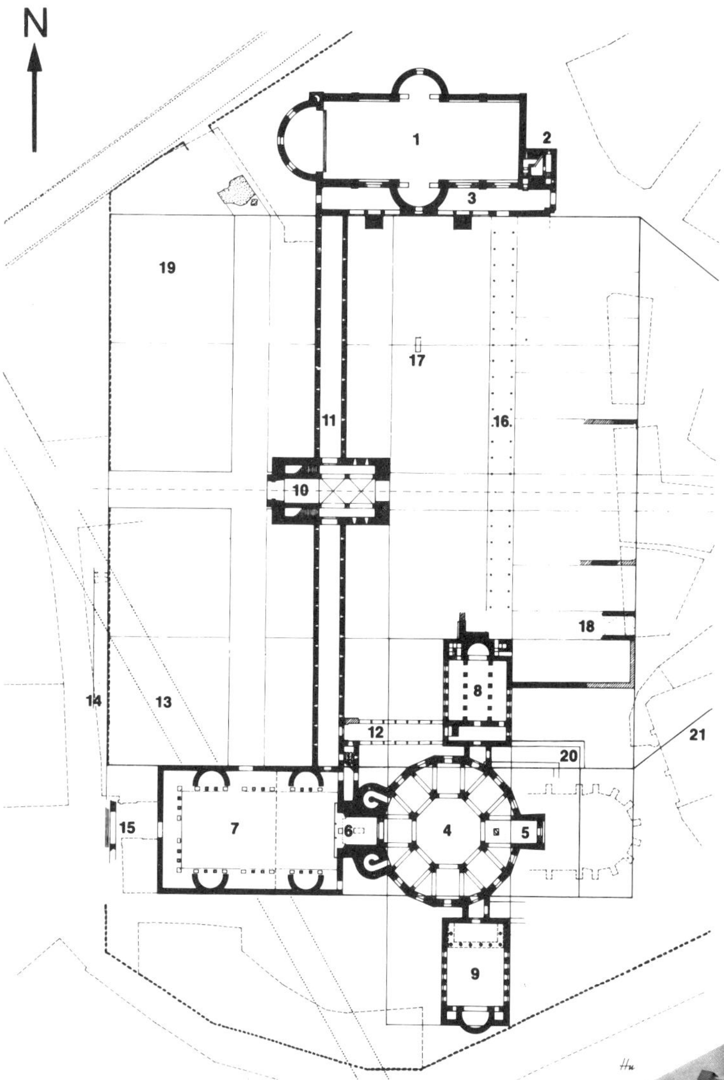

Rekonstruierter Grundriß der karolingischen Pfalzanlage

Erhaltene oder durch Forschung gesicherte Bauteile:
1 Königshalle (Aula regia)
2 Wohnturm (Granusturm)
3 Zweigeschossiger Bau (Portikus und Wohnräume/Solarium)
4 Pfalzkapelle (Oktogon mit zweigeschossigem Sechzehneck)
5 Ehemaliger Chor der Pfalzkapelle
6 Westbau (dreigeschossig)
7 Atrium mit vier Exedren und Brunnen
8 Nördlicher Annexbau (dreischiffig)
9 Südlicher Annexbau (Halle mit Empore)
10 Torhaus (Torhalle, Obergeschoß Gerichtssaal?)
11 Verbindungsbau (Erdgeschoß Garnison?, Obergeschoß Hofschule?)
12 Verbindungsbau (Portikus?)
13 Römische Straße mit seitlichem Kanal
14 Karolingischer Wallgraben

Nicht gesicherte Bauteile:
15 Torhalle zum Atrium
16 Portikus lignea (hölzerner Verbindungsgang von den Wohngemächern zur Pfalzkapelle)
17 Theoderichstandbild
18 Innere Pfalzbauten (Fachwerkbauten auf Steinsockeln?)
19 Äußere Pfalzbauten (Holzhäuser)
20 Verbindungsportikus und Curia
21 Anschluß zu den römischen Thermen
(Rekonstruktion, Zeichnung und Beschriftung: Hugot 1981)

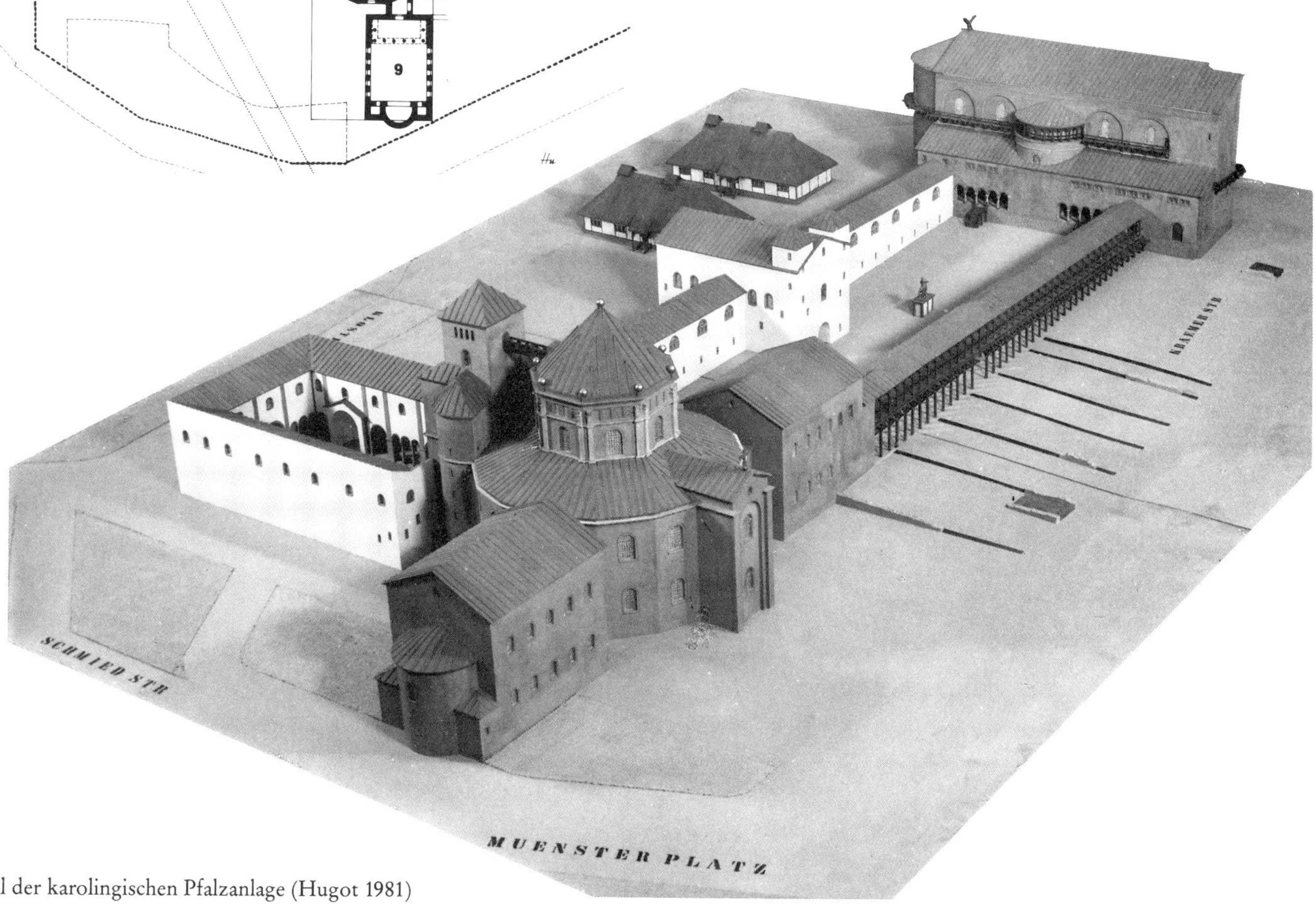

Modell der karolingischen Pfalzanlage (Hugot 1981)

KÖNIGSHALLE

Die Königshalle erinnert mit ihrer mächtigen Westapsis, den großzügigen Blendarkaden, die zwei Reihen gleichmäßiger Rundbogenfenster umfangen, und der hölzernen Außengalerie in der Mitte an die sogenannte Konstantinsbasilika in Trier aus dem frühen vierten Jahrhundert. Freilich gibt es auch Abwei-

Modell der karolingischen Königshalle in Aachen (Vgl. S. 12)

Palastaula Konstantins, Trier, um 310. Rekonstruktion

chungen; die zwei seitlichen Apsiden finden sich in Trier nicht. Seit dem Niedergang der Römerherrschaft war die konstantinische Halle im Besitz der fränkischen Könige, die allerdings nicht in der Lage waren, einen solch riesigen Steinbau zu erhalten. Karl scheint seine Palasthalle, die aus einem einzigen großen Raum bestand, in verkleinertem Maßstab nach dem Trierer Vorbild errichtet zu haben, knüpft also auch hier an die Tradition der christlich-römischen Antike an. Die Königshalle war im Osten mit dem Granusturm verbunden, der sein karolingisches Mauerwerk bis in eine Höhe von zwanzig Metern bewahrt hat. Dieser Turm enthält zwischen umlaufenden Treppen drei fast quadratische gewölbte Räume übereinander. Hugot hat die Vermutung geäußert, daß hier ein gut zu bewachender und heizbarer Schlafraum des Kaisers gewesen sein könnte.

Über die Gesamtanlage der karolingischen Bauten in Aachen läßt sich mit W. Sage festhalten: »Die Pfalz ist nach dem Vorbild antiker Paläste eine offene Anlage; Wehrcharakter eignet ihr nicht. Sie steht überhaupt im Banne antiker Tradition, zwar nicht im Sinne der Kopie eines bestimmten Vorbildes, aber in der Verwendung von Bautypen, in der Benutzung von hervorragenden Spolien aus antiken Bauten und in der Anwendung von Bautechniken, die von den Römern übernommen wurden, wozu auch der so auffallende Ziegelzusatz im Mörtel der Pfalzgebäude zu rechnen ist. Schließlich ist die Gesamtanlage in ihrer Geschlossenheit, mit dem Zusammenfügen und Verbinden der Hauptgebäude durch Säulengänge nur als Übernahme klassischer Vorstellungen vom Palastbau zu verstehen; ein germanisches Gehöft — auch wenn es ein Herrensitz war — sah völlig anders aus.«[4]

ATRIUM UND WESTBAU

Der Domhof (S. 65) vor dem Haupteingang des Münsters entspricht in seinen heutigen Ausmaßen ungefähr dem Atrium der Pfalzkapelle; in seiner ältesten Form hatte das Atrium vielleicht quadratischen Grundriß. Die urtümliche Mauertechnik läßt sofort den alten Bestand des Westbaus erkennen. Zwischen den zwei halbrund sich vorwölbenden Wendeltreppentürmen wird die Mitte von einer großen, zwanzig Meter hoch aufragenden Nische beherrscht. Ein plastisch vortretendes Gesims faßt die Bauteile zusammen und akzentuiert kapitellartig den Ansatz des großen Bogens. Man hat auf römische Stadttore als Vorbilder hingewiesen. Denkt man sich den dreitürigen barocken Vorbau des 18. Jahrhunderts fort, muß dieser Bogen wie eine großzügige Einladung zum Eintritt ins Heiligtum gewirkt haben. Da früher das Atrium an den übrigen drei Seiten von Arkadengängen (S. 14 unten) umgeben war, wurden diese kleineren Bogenstellungen vom großen Eingangsbogen gleichsam gesammelt und zusammengefaßt. Gesteigert wurde diese einmalige Eingangslösung noch durch zwei weitere Nischenanlagen (S. 14 oben), die im Norden und Süden den Westbau flankierten und etwa die halbe Höhe des großen Bogens erreichten. Ihre Fundamente konnten gesichert werden. (Zwei entsprechende Apsiden hat es auch im Westen des Vorhofes gegeben.) Diese geniale architektonische Lösung hat vorbildlich gewirkt. »Hier tritt zum erstenmal das Bild einer Komposition aus dichtgedrängten und hohen Baukörpern dem Besucher vor Augen, das später die ganze kirchliche Architektur des Mittelalters beherrschen sollte.«[5] Das in der Gotik veränderte Fenster der Westnische war ursprünglich kleiner; das unscheinbare kleine rechteckige Fenster darunter ist dagegen karolingisch. Wie der obere Abschluß des Westbaus zunächst ausgesehen hat, ist unbekannt. Sicher hat es noch ein drittes Stockwerk gegeben; Hugot hat an dieser Stelle die Schatzkammer mit den Reliquien vermu-

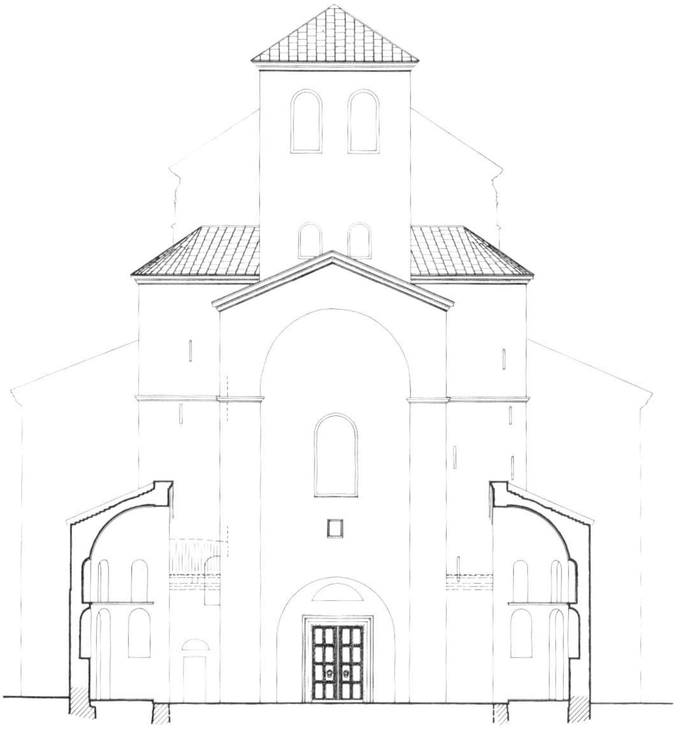

Westbau der Pfalzkapelle. Die große Nische — flankiert von den kleineren Apsiden im Norden und Süden. Der barocke Vorbau fehlt; die Wolfstüre an der ursprünglichen Stelle (Rekonstruktion Kreusch 1965).

tet. Auch Glocken müssen ihren Platz gefunden haben. Die Kapellen auf den Wendeltreppentürmen (S. 61) stammen aus gotischer Zeit (im Süden nach dem letzten Krieg erneuert), der neugotische Turm mit der Galerie — dort wurden die Heiligtümer gezeigt — ist 1884 vollendet worden.

EINGANGSHALLE

Die Westnische öffnete sich unten in die tonnengewölbte Eingangshalle der Kirche. Das Bronzetor befand sich an der Stelle, wo heute ein rechteckiger Durchgang direkt in den Umgang des Oktogons führt. Die drei Stufen hinter den Eingangstüren gleichen das im Laufe der Jahrhunderte angewachsene Niveau des Atriums aus. Deutlich erkennt man über ihnen den Ansatz der leicht eingeschwungenen flachen Westnische. Hier ist ein historisch bedeutsamer Ort. Wo heute Stufen sind, hat möglicherweise ein Thron gestanden, so daß der große Nischenbogen einen höchst repräsentativen Architekturhintergrund gebildet hat. Hugot hat in seinem Modell eine Art Baldachin oder Laube über dem Thron angedeutet. Hier haben offizielle Staatsakte stattgefunden. Wir wissen, daß der Eingang von Kirchen auch sonst im Mittelalter ein bevorzugter Ort für weltliche Veranstaltungen, z. B. Gerichtsverhandlungen, gewesen ist. Der Mönch Widukind von Corvey berichtet in seiner Sachsengeschichte von der Wahl Ottos des Großen zum König im Jahr 936. Es ist der erste von dreißig Wahl- und Krönungsakten in Aachen. »Als Ort der allgemeinen Wahlhandlung wurde Aachen festgesetzt... Dort versammelten sich die Herzöge und die hohen Vasallen mit den anderen Vornehmen in dem Säulenhof, der mit der Basilika Karls des Großen verbunden ist, und setzten den neuen Herrscher auf einen dort errichteten Thron; und sie reichten ihm die Hände und versprachen ihm Treue und gelobten ihm Beistand gegen alle seine Feinde, und so machten sie ihn nach ihrer Sitte zum König.« Der Übergang der Herrschaft vom einen König zu seinem Nachfolger vollzog sich im Mittelalter in einer ganzen Kette aufeinanderfolgender Handlungen, die in ihrer Gesamtheit den Sinn hatten, die von Gott getroffene Wahl durch irdische Handlungen sichtbar zu machen und zu bekräftigen. Der wiedergegebene Bericht Widukinds schildert den »weltlichen« Teil des ganzen Vorgangs, also vor allem Wahl, Treueid und Thronsetzung; er vollzog sich im Atrium, dem heutigen Domhof. Wir werden weiter unten verfolgen, wie sich der »geistliche« Teil der Herrschaftsübertragung im Innern des Domes fortsetzte. Ein Thron im Atrium kann für das 10. und 11. Jahrhundert angenommen werden; ob er schon zu Zeiten Karls dort gestanden hat, ist nicht bekannt. H. Beumann ist der Überzeugung, daß zunächst dieser Sitz als

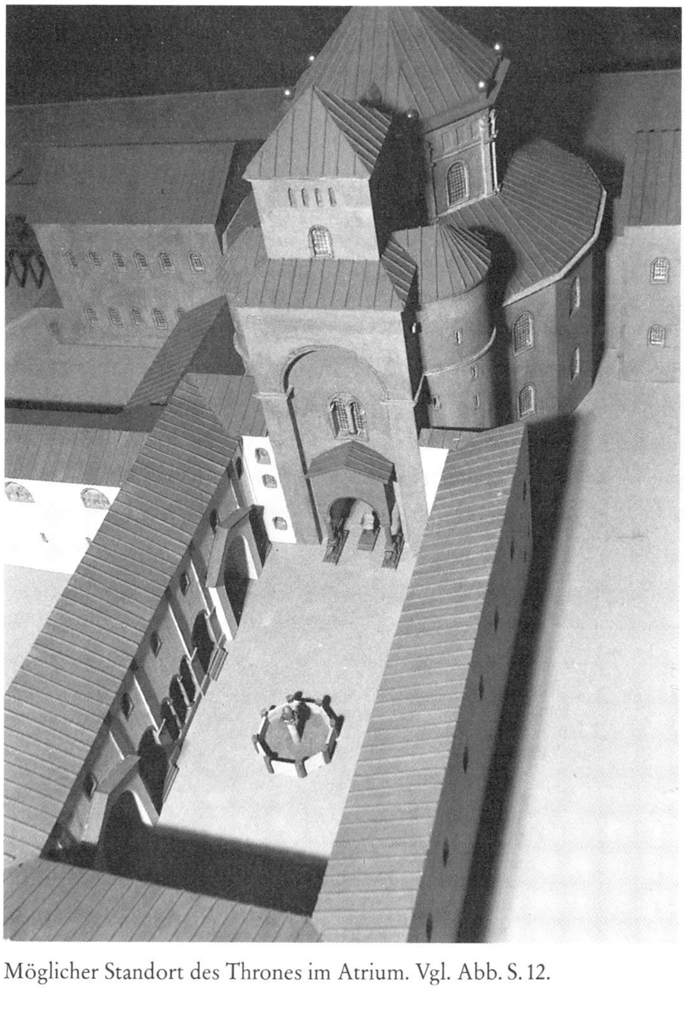

Möglicher Standort des Thrones im Atrium. Vgl. Abb. S. 12.

der Karlsthron angesehen wurde, auf dem ein rechtmäßiger deutscher König gesessen haben mußte. Erst in staufischer Zeit soll sich die Karlstradition mit dem berühmten Herrschersitz im Obergeschoß des Oktogons verbunden haben.[6]

KARLS GRAB

Unmittelbar hinter den jetzigen Stufen der Domvorhalle könnte sich auch das ursprüngliche Grab Karls des Großen befunden haben, über dessen Lage seit langem gestritten wird. In jüngster Zeit sind von Beumann und Hugot die Argumente verstärkt worden, die für ein Begräbnis in der Vorhalle sprechen. Karls Vater Pippin ist in Saint-Denis vor der Schwelle der Kirche beigesetzt worden. Karls Sohn, Ludwig der Fromme, hat seine Grablege in Kornelimünster ebenfalls im Westbau geplant. Der Ort der Beisetzung Karls muß zur Zeit des Normannenüberfalls nicht mehr erkennbar gewesen sein, da die Grabstätte offenbar nicht geschändet wurde. Otto III. hat nach dem Zeugnis Thietmars von Merseburg im Jahre 1000 nach dem Bestattungsplatz gesucht, den Bodenbelag aufgenommen und das Grab »in solio regio« — Hugot übersetzt: »am königlichen Thron«[7] — gefunden. Wenn der erwähnte Thron des Atriums unter der großen Nische gestanden hat, könnte sich auf ihn die Nachricht Thietmars beziehen. Bei Grabungen im Jahre 1910 ist in der Längsachse der Vorhalle unmittelbar hinter den Stufen zwischen anderen Grabstätten eine Gruft (S. 12 oben bei Nr. 6) gefunden worden, die damals nicht recht beachtet wurde, weil man an dieser Stelle nicht mit der Möglichkeit des Karlsgrabes rechnete. Der Proserpinasarkophag (S. 50), der heute in der Schatzkammer steht und nach Aachener Tradition als Sarg Karls verwendet wurde, würde in diese Gruft passen. Erst weitere archäologische Untersuchungen können in dieser Frage Gewißheit bringen. Eine Beisetzung Karls in aufrecht sitzender Haltung, von der die Chronik des Klosters Novalesa berichtet — Alfred Rethel hat die Graböffnung durch Otto III. in seinen Rathausfresken dieser Vorstellung entsprechend gemalt —, wird von der heutigen Forschung ins Reich der Sage verwiesen.

WOLFSTÜRE

Das große Bronzetor des Haupteingangs (S. 66) — Wolfstüre genannt — ist von besonderer Bedeutung. Die Flügel sind bei einer Breite von ungefähr 1,35 m recht hoch, nämlich 3,93 m. Sie lassen schon etwas von den Proportionen des Raumes ahnen, in den sie Einlaß gewähren. Jeder Flügel wiegt ca. 2150 kg, also mehr als zwei Tonnen, und ist in einem Stück gegossen. Acht einfache Rechteckfelder unterteilen die Fläche; sie sind paarweise angeordnet und von einem schlichten Rahmenwerk umgeben. Perlschnüre, Eierstäbe und Blattwerk erinnern an an-

Antike Türe am sogenannten Romulustempel, 4. Jahrhundert. Rom, Forum Romanum

tike Schmuckformen; mehr noch ist es die ruhige Klarheit der Proportionen, die den Betrachter an erhaltene römische Bronzetore — z. B. am sogenannten Romulustempel auf dem Forum Romanum — denken läßt. Einen künstlerischen Höhepunkt bilden die zwei Löwenköpfe (S. 68), die einen spannungsreichen Akzent in die Schwere und Ruhe der umliegenden Felder bringen. Erkennbar sind die Bronzestifte, mit denen die gesondert gegossenen Köpfe auf den Türen befestigt sind. »Aus dem Gegensatz zwischen der unnaturalistischen Stilisierung der Mähnen und der größeren Naturnähe und geschmeidigeren Plastik des Gesichtes erwächst die besondere Schönheit dieser Skulptur.«[8] Den Übergang zur umgebenden Fläche vermittelt ein Kranz von Palmettenblättern. Diese Löwenmedaillons bezeugen »die größte Antikennähe, deren die karolingische Renaissance fähig war«.[9] Die zahlreichen Löwenköpfe späterer romanischer Kirchentüren sind viel wilder, furchterregender, abstrakter. Ihnen gegenüber wirken die Aachener wie gelassen freundliche Vorgänger.
Man hat die Türen noch im 19. Jahrhundert für antike Güsse

halten können. Dann wurden aber 1911 auf dem Katschhof Überreste einer Bronzegießhütte und ihrer Gußformen gefunden, so daß kein Zweifel besteht, daß die Türen ebenso wie die Bronzegitter des Oktogons zur Zeit Karls in Aachen hergestellt worden sind. Damit handelt es sich um »die ersten Bronzetüren des Mittelalters«.[10] Einhards Worten über das »herrliche Gotteshaus zu Aachen« ist der Stolz auf die ehernen Türen und Gitter anzumerken, die er ausdrücklich erwähnt. In der Tat stellen sie auch rein gußtechnisch eine erstaunliche Leistung dar. Die Analyse des Gußmaterials macht es wahrscheinlich, daß man antike Bronzen eingeschmolzen hat, um das Material für die Türen wiederverwenden zu können. Zweihundert Jahre später rechnet es sich Erzbischof Willigis von Mainz zur Ehre an, als erster nach Karl dem Großen Türflügel aus Metall hergestellt zu haben — so die Inschrift auf den Domtüren in Mainz. Der Aachener Dom besitzt noch drei (ehemals vielleicht vier) weitere, allerdings kleinere Bronzetüren aus karolingischer Zeit, die von den zwei Geschossen des Oktogons in die beiden Annexbauten führten. Sie befinden sich an der Hubertus- und Karlskapelle (S. 106, 107; 69); das dritte Flügelpaar ist zur Zeit in der Karlskapelle provisorisch aufgestellt. Alle Türen haben Löwenköpfe als Griffe; zwei besitzen noch die Ringe, die ursprünglich alle Löwen im Rachen hielten. »Nirgendwo in der Welt sind so viele Bronzeportale, die älter als tausend Jahre sind, versammelt wie an diesem Dom.«[11]

DOMBAUSAGE

Greift man dem rechten Löwen der Wolfstüre (S. 68) ins Maul — und das muß der Besucher unbedingt getan haben, will er richtig in Aachen gewesen sein! —, so ist dort deutlich ein runder Metallbolzen zu fühlen: der Daumen des Teufels, wie jedes Aachener Kind weiß.
Die Dombausage erzählt: Beim Bau der Kirche ging das Geld aus. Der Teufel bot Hilfe an, wenn ihm die Seele desjenigen überlassen werde, der den vollendeten Dom als erster betrete. Der Vertrag wurde geschlossen. Als das Gotteshaus fast vollendet war, wurde den Beteiligten klar, daß der Höllenfürst auf die Seele des Bischofs spekulierte, der die Kirche weihen mußte. Aber die Aachener fanden einen Ausweg. Auch Tiere haben eine Seele, war ihr Gedanke. So wurde ein Wolf gefangen und in die neue Kirche gesperrt. Kaum witterte der Teufel ein Lebewesen im Dom, als er sich auf seine Beute stürzte, die Seele herausriß — und erkennen mußte, daß er betrogen war. In blinder Wut warf er die Türe so kräftig hinter sich zu, daß sie unten rechts einen gut sichtbaren Sprung erhielt. Schlimmer noch: Seinen Daumen zog er nicht schnell genug zurück, so daß der im Löwenmaul steckenblieb, mit der Zeit wurde er zu Eisen. Der Wolf mit dem Loch in der Brust steht in der Vorhalle des Domes. Ihm gegenüber befindet sich ein merkwürdiges Gebilde: die Seele, die der Teufel nicht brauchen konnte.
Natürlich wurmte den Teufel seine schmerzliche Niederlage. An der See holte er sich einen riesigen Sack voll Sand, um die Stadt Aachen, deren Lage in einem Talkessel zu solcher Rache geradezu einlud, für immer verschwinden zu lassen. Aber der Sand war schwer. Kurz vor der Stadt begegnete der Böse einer Marktfrau, die er fragte, wie weit der Weg noch sei. Die Aachenerin bemerkte den Pferdefuß, ahnte Unheil und verwies den Teufel auf ihre abgetragenen Schuhe. Die seien ganz neu gewesen, als sie in Aachen aufgebrochen sei. Entmutigt ließ der Unheimliche den Sack fallen. Der brach entzwei, und so entstanden der Lousberg und der Salvatorberg vor den Toren der Stadt. Sagen erklären auf ihre Weise Merkwürdigkeiten, deren wahre Bedeutung man nicht kennt. Der »Teufelsdaumen« ist eine zusätzliche Stütze für den früher vorhandenen schweren Bronzering, der die Unterkiefer des Löwenmauls aufzureißen drohte. Der rechte Türflügel mußte nämlich immer zuerst geöffnet werden und wurde an Wochentagen wahrscheinlich als einziger bewegt. Sein Rahmenprofil ist merklich abgegriffener als das linke. Schwieriger hat es die Wissenschaft mit dem »Wolf« und der »Seele«.

WOLF

Die Tierplastik von hoher Qualität stellt wohl eher eine Bärin (S. 67) dar. Das Tier fletscht drohend seine Zähne, als wollte es seine Jungen verteidigen. Aufgerichtet sitzt es auf seinen Hinterpranken, den Kopf nach links gewendet, die Ohren wachsam hochgestellt, die Vorderbeine breit aufgestützt. Das linke Bein ist ergänzt. Diese sehr naturnah gestaltete Plastik ist ein römischer Bronzeguß aus dem zweiten Jahrhundert nach Christus. Wie soll das damals schon über sechshundert Jahre alte Kunstwerk nach Aachen gekommen sein, wenn nicht durch Karl den Großen? Die Wölfin, die Romulus und Remus gesäugt hatte, war das Wahrzeichen Roms. Wenn Karl ein ähnliches Tier in sei-

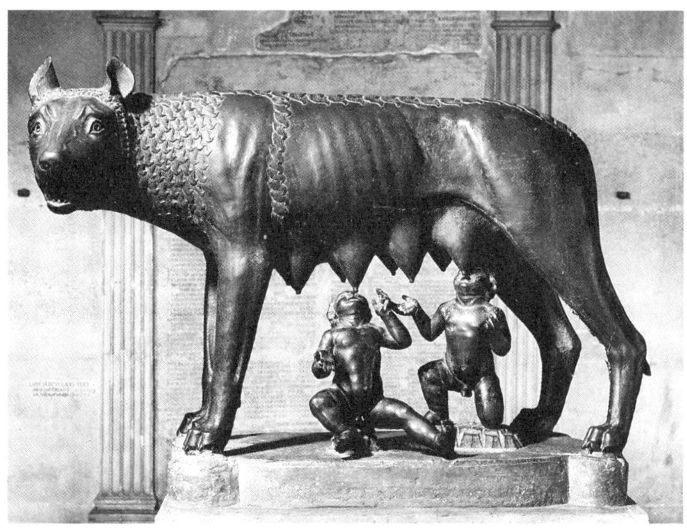

Wahrzeichen Roms. Kapitolinische Wölfin. Bronze, um 500 v. Chr. Die Zwillinge sind spätere Zutat. Rom, Konservatorenpalast

ner Pfalz aufstellen ließ, könnte das eine »... Erinnerung an jene Stadt« gewesen sein, »der nach der ausdrücklichen Mitteilung Einhards die Begeisterung und Liebe des Herrschers gehört hatte.«[12]

PINIENZAPFEN

Die dem Wolf gegenüberstehende »Seele« ist in Wirklichkeit ein Pinienzapfen. Seine durchbohrten Schuppen verraten seine Funktion als Brunnenbekrönung. Seine Entstehungszeit ist umstritten. Die Datierungsvorschläge der Kunsthistoriker reichen von der Antike über die Karolinger- bis in die Ottonenzeit. Zapfen und Fuß sind wohl erst nachträglich zusammengefügt worden. Auf den Ecken sollten kleine Gestalten mit Krügen die vier Paradiesesflüsse symbolisieren; sie sind wohl schon beim Guß verunglückt. Die ebenfalls nur fragmentarisch erhaltene Umschrift— zwei Seitenplatten des Fußes sind weggebrochen — spricht von einem sonst unbekannten Abt Udalrich als Auftraggeber. Der Pinienzapfen könnte ähnlich wie die Wölfin auf Rom verwiesen haben. Stand doch vor dem Petersdom ein vergleichbares paradiesisches Fruchtbarkeitssymbol. Vielleicht haben Wolf und Pinienzapfen einst zu einem Brunnen im Atrium der Pfalzkapelle gehört.

Pinienzapfen, Aachen, Domvorhalle. Alter umstritten

OKTOGON

Aus der Vorhalle kommend, durchquert der Besucher den niedrigen, dunkel wirkenden Umgang und betritt den Mittelpunkt des Domes, das Oktogon. Dieser Kernraum überrascht durch seine steilen Proportionen und die Höhe seiner Kuppel, deren Wölbung 31,40 m über dem Fußboden abschließt. Man muß sich klarmachen, daß ein Kuppelbau von solcher Größe zumindest seit der Römerzeit nördlich der Alpen nicht mehr gewagt worden war. Und erst dreihundert Jahre später übertreffen die Gewölbe des Domes von Speyer mit 33 m Höhe den Bau Karls des Großen. Wesentlich höhere Wölbungen kennt überhaupt erst die klassische Gotik des 12. Jahrhunderts. Der Aachener Raum »betont zum ersten Male die für das abendländische Bauen charakteristische vertikale Tendenz, den Drang zur Höhe«.[13] Es handelt sich um einen vollkommen geschlossenen Zentralraum, der seine achtseitige Grundform mit konsequenter Entschiedenheit bis in die Wölbung hinein fortsetzt. So kann auch im strengen Sinne nicht von einer Kuppel gesprochen werden, denn die würde einen kreisrunden Grundriß voraussetzen; die zutreffende Bezeichnung ist achtteiliges Klostergewölbe.
Im Erdgeschoß stehen schwere Rundbogenarkaden zwischen mächtigen Pfeilern. Ein kräftig vorkragendes Gesims schließt den unteren Teil horizontal ab. Über diesem ruhigen festen Unterbau erheben sich die viel höheren, leichter wirkenden Bögen des Obergeschosses, in die jeweils vier schlanke Säulen eingestellt sind. Darüber öffnen sich die Fenster mit für den Lichteinfall abgeschrägten Fensterbänken. Und schließlich die Kuppel — alles ohne Hervorhebung horizontaler Linien. »Es ist wie ein freies Entlassenwerden der senkrechten Formen nach oben zu, während unten alles in schweren erdgebundenen Proportionen gebannt bleibt.«[14]

SÄULEN

Für den Gesamteindruck des Oktogons sind die 32 Säulen des Obergeschosses entscheidend. Statisch haben sie keine Bedeutung; sie sind Schmuck. Einhard berichtet in seinem »Leben Karls des Großen«: »Da er Säulen und Marmor für diesen Bau anderswoher nicht bekommen konnte, ließ er sie aus Rom und Ravenna herbeischaffen.« Bekannt ist auch ein Schreiben des Papstes Hadrian I. an den Frankenkönig aus den achtziger Jahren, in dem er auf die Bitte Karls hin ausdrücklich sein Einverständnis erklärt, daß aus einem Palast in Ravenna Marmor, Mosaik und anderes Material geholt werden. Auch hier wird wieder deutlich: Karl will seine Palastkirche ebenbürtig ausgestattet sehen. »... Säulen, deren Schäfte aus einem Stück und meist aus besonders hartem, schönem oder seltenem Stein bestehen, kamen im Altertum als Zeichen von Macht und Reichtum auf. Schließlich wurden Säulen aus Porphyr und bestimmten Graniten zu einem Vorrecht der Herrscher, da ohnehin niemand sonst in der Lage war, die schwer zu erreichenden Brüche in der ägyptischen Wüste zu betreiben. Das Aachener Münster war geradezu vom Baumeister Karls auf die Säulen hin angelegt. Sie gehörten hier zur Vollständigkeit der Harmonie über ihren Zweck der herrscherlichen Repräsentation hinaus.«[15] In der Schatzkammer sind zwei Säulen aus grünem Porphyr aufgestellt, die von Größe und Gesteinsart her einmalig auf der Welt sind; über ihren ursprünglichen Standort im Dom gibt es nur Vermutungen. Als Albrecht Dürer 1520 auf seiner Reise in die Niederlande auch das Aachener Münster besuchte, fiel ihm sofort die Bedeutung des Schmucks im Obergeschoß auf: »Zu Aach hab ich gesehen die proportionirten Säulen mit ihren guten Capitälen von Porphit grün und rot und Gossenstein (Granit), die Carolus von Rom dahin hat bringen lassen und do einflicken.« Tatsächlich besitzt der Dom heute noch eine stattliche Anzahl antiker Säulen; in Deutschland gibt es nirgends mehr. Von den 16 unteren großen Säulen (Höhe: 3,70 m) sind acht antik, und zwar jeweils die Paare in den Haupthimmelsrichtungen: im Westen, Osten, Süden und Norden. Von den 16 oberen kleineren Säulen (Höhe: 3,20 m) sind 13 antik. Ersatzstücke aus grauschwarzem belgischem Marmor sind die zwei Säulen im Südosten und die rechte Säule im Nordosten. Zu diesen 21 antiken Säulen kommen die vier in der Schatzkammer und die im Kreuzgang aufgestellten. Sieben antike Kapitelle sind noch vorhanden. Zwei sind z. B. bei den oberen kleinen Säulen im Süden eingebaut. Von den in karolingischer Zeit geschaffenen, der Antike nachempfundenen Kapitellen sind noch sechs erhalten. Die restlichen Säulen und Kapitelle sowie alle Säulenbasen sind erneuert.

Längere Zeit haben die Aachener um diesen Säulenornat ihres Kaiserdomes bangen müssen. Als französische Revolutionsheere das Rheinland erobert hatten, wurden 1794 die Säulen ausgebrochen und nach Paris gebracht. Ebenso erging es Wolf, Pinienzapfen und Proserpinasarkophag. Als die geraubten Kunstschätze nach dem Zweiten Pariser Frieden 1815 wieder zurückgegeben werden mußten, blieben zwölf (vielleicht sogar vierzehn) Aachener Säulen in Paris zurück, weil sie inzwischen im Louvre eingebaut worden waren, und zwar vier im Augustussaal und acht (kleinere) in der Salle de la paix. Dort stehen sie bis heute. Die anderen nach Aachen zurückgekehrten Säulen kamen allerdings nicht sofort an ihren Platz im Dom zurück. Es dauerte noch über dreißig Jahre, bis sie schließlich mit den notwendig gewordenen Ergänzungen 1847 wieder im Oktogon standen.

Dombaumeister Kreusch konnte übrigens in den Magazinen des Louvre drei karolingische Bronzebasen und zwei karolingische Kapitelle aus Aachen aufspüren und sie 1969 als Dauerleihgabe an ihren Ursprungsort zurückbringen.

Welche Bedeutung das Mittelalter der Aufstellung von Säulen beimaß, läßt sich am Beispiel des Magdeburger Domes aufzeigen. Als Otto der Große in seiner Lieblingsgründung für das neugeschaffene Erzbistum einen Dom errichtete, in dem er auch begraben werden wollte, ließ er nach dem Vorbild Karls des Großen antike Porphyr- und Granitsäulen aus Italien herbeischaffen und im Langhaus aufstellen. In der kaiserlichen Kirche durften diese Zeichen imperialer Macht nicht fehlen. Thietmar von Merseburg berichtet, daß Otto befahl, in alle Säulenkapitelle sorgsam Heiligenreliquien einzuschließen. Die Heiligen als die »Säulen« der unsichtbaren Kirche wurden so auch zu Stützen des sichtbaren Kirchbaus. Vielleicht hat es diese Symbolik auch in Aachen schon gegeben. Im 13. Jahrhundert brann-

Antike Säulen (im unteren Geschoß unter den Figuren) aus dem Dom Kaiser Ottos des Großen. Magdeburg, Dom

Ungefähres Aussehen des ursprünglichen Aachener Kuppelmosaiks (Zeichnung von Ciampini, 1699) bis zu seiner Zerstörung im frühen 18. Jahrhundert

te der Bau Ottos ab und wurde durch einen gotischen Neubau ersetzt; die erhaltenen Säulen wurden in den neuen Chor übernommen. Dort repräsentieren sie auch heute noch die Magdeburger Kaisertradition.

KUPPELMOSAIK

Das Kuppelmosaik des Oktogons ist 1881 erneuert worden, nachdem die Barockzeit das karolingische Mosaik bereits herausgebrochen hatte. (Ein Rest der alten goldfarbigen Mosaiksteinchen ist in der kleinen Nische in der Eingangshalle hinter der gotischen Muttergottesfigur in Zweitverwendung angebracht worden.) In Anlehnung an eine Zeichnung von Ciampini aus dem Jahre 1699, die das ursprüngliche Bild ungefähr festgehalten hatte, entwarf der Maler und Architekt Baron von Bethune das heutige Mosaik, das also wenigstens das alte Thema bewahrt hat. Auch in karolingischer Zeit standen die vierundzwanzig Ältesten, von denen die Apokalypse erzählt, von ihren Thronen auf — die Throne hat Bethune leider nicht mehr dargestellt — und nahmen ihre Kronen ab, um sie nach byzantinischem Hofzeremoniell mit verhüllten Händen vor dem Lamm huldigend niederzulegen. Denn ursprünglich nahm wahrscheinlich eine Darstellung des Lammes als Symbol für Christus, umgeben von den Evangelistenzeichen, die Mitte der Kuppel ein. Als in der Stauferzeit die Kette für den Barbarossa-

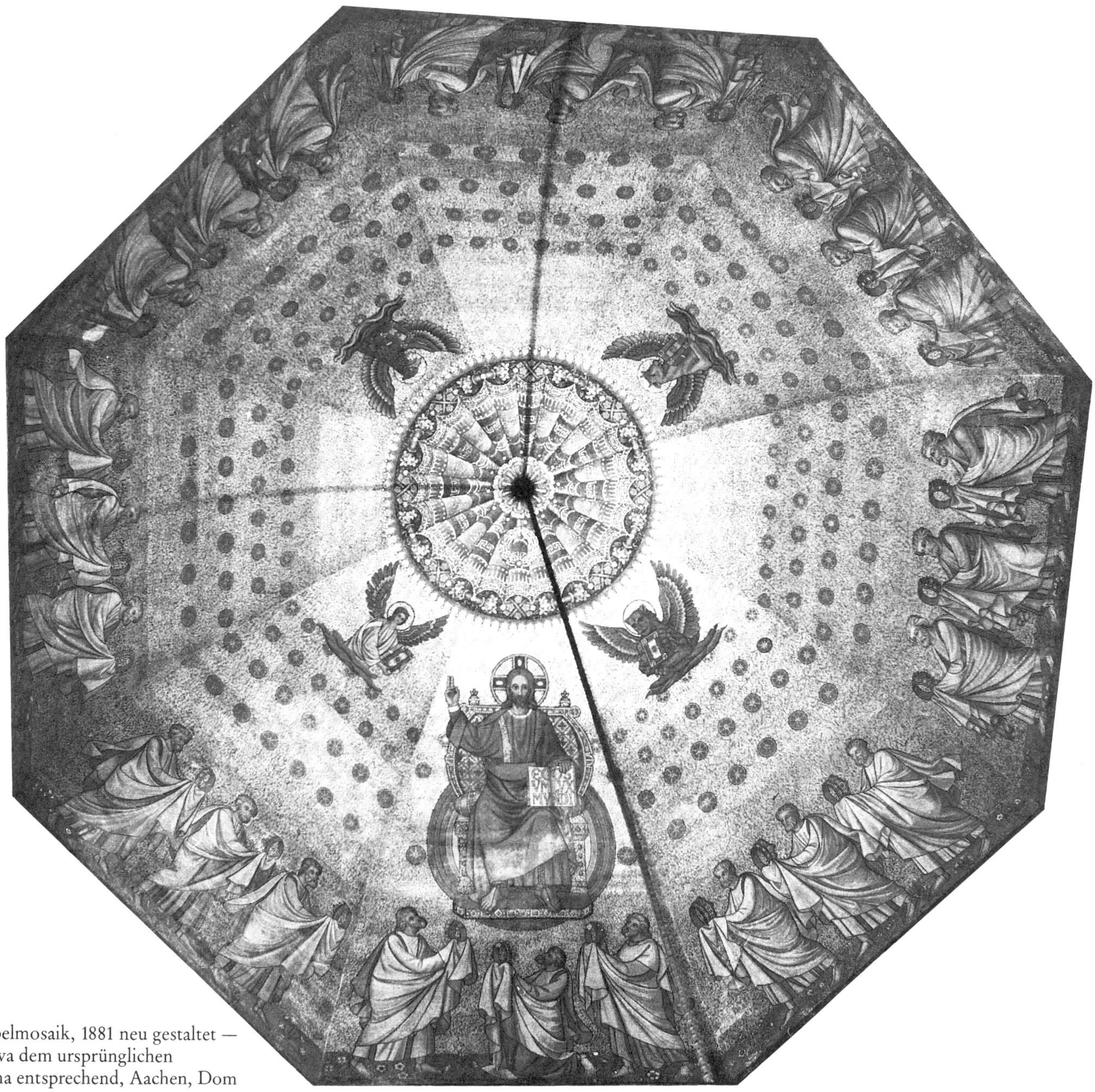

Kuppelmosaik, 1881 neu gestaltet — in etwa dem ursprünglichen Thema entsprechend, Aachen, Dom

leuchter im Mittelpunkt befestigt wurde, könnte statt des Lammes die Christusdarstellung hinzugekommen sein. So ist das Kuppelbild die Veranschaulichung der mittelalterlichen Überzeugung: Alle irdische Macht findet ihr Ende und muß sich verantworten, wenn der Herrscher des Himmels und der Erde am Jüngsten Tag erscheint und Rechenschaft fordert.

URSPRÜNGLICHES AUSSEHEN DER PFALZKAPELLE

Die jetzige Verkleidung der Pfeiler und Wände mit Marmor sowie der Tambourmauern und Umgangsgewölbe mit Mosaik stammt aus den Jahren 1900—1913; sie ist von Hermann Schaper entworfen worden, der auch an der Kaiser-Wilhelm-Gedächtnis-Kirche in Berlin tätig gewesen ist. Diese byzantinisch anmutende Ausstattung »überfällt mit wilhelminischem Prunk. Schwer nur findet man in der heutigen Marmorpracht die Würde des Karolingischen wieder.«[16] Der Besucher muß seine Phantasie zu Hilfe nehmen, um sich das ehemalige Aussehen des karolingischen Innenraumes zu vergegenwärtigen: Es gab keine Marmorverkleidung der Pfeiler, Bögen und Wände. Die hinzugefügten Marmorplatten lassen die feinen Kämpferprofile, die sich an allen Bogenansätzen finden, zu sehr zurücktreten und die Pfeiler schwerer erscheinen als ursprünglich gewollt. Mosaik war auf die Kuppel konzentriert, im Tambour und in den Umgängen fehlte es. Stellt man sich nun die meisten Flächen schlicht verputzt vor — jedenfalls viel zurückhaltender als heute —, kommen die antiken Säulen mit ihrer erlesenen Steinstruktur erst zur Wirkung. Möglicherweise waren ihre Kapitelle vergoldet. Mit einiger Sicherheit waren die Bronzegitter vergoldet; sie bildeten so oberhalb des schweren Gesimses ein kostbares filigranes Schmuckband. Darüber leuchtete das Kuppelmosaik mit der Darstellung des himmlischen Herrscherzeremoniells. Das war zweifellos ein kaiserlicher Raum, der seinesgleichen suchte. Und dieser Bau war lange vor der tatsächlichen Kaiserkrönung konzipiert. Mit Recht legen die fränkischen Quellen Wert auf die Feststellung, daß Karl am Weihnachtsfest 800 in Rom lediglich den Namen eines Kaisers empfing; für seine Zeitgenossen hatte der Frankenkönig schon lange vorher eine kaisergleiche Stellung inne. »Wenn je Architektur die Absicht des Bauherrn dokumentierte, so in Aachen die Karls des Großen.«[17] »Der Plan von Aachen nimmt die Kaiserkrönung voraus.«[18] So ist es wohl auch kein Zufall, daß der Staatsakt von 812, bei dem Gesandte des oströmischen Kaisers den Frankenherrscher an seinem Hof in Aachen als »Kaiser und Basileus« anredeten, also seine Gleichrangigkeit ausdrücklich anerkannten, nach dem Zeugnis der Reichsannalen »in der Kirche« stattfand, nicht in der Königshalle. Man kann sich vorstellen, daß sich byzantinische Gesandtschaften bei ihrer Reise nach Norden wie in einem weit zurückgebliebenen kulturfremden Land fühlten; die Palastanlage in Aachen aber dürfte auch ihnen Respekt abverlangt haben; sie konnte ihnen jedenfalls »nicht . . . als barbarisches Stümperwerk erscheinen«.[19]

Das Aachener Oktogon noch ohne die Marmor- und Mosaikverkleidung von 1900—1913

MASSVERHÄLTNISSE

Immer wieder ist darauf hingewiesen worden, daß der Pfalzkirche Karls des Großen besondere Maßverhältnisse zugrundeliegen. Dem Mittelalter war der Vers im »Buch der Weisheit« von grundlegender Bedeutung, in dem es heißt: »Du hast alles nach Maß, Zahl und Gewicht geordnet.« (11, 21) So wird Gottvater als Schöpfer der Welt häufig mit dem Zirkel des Architekten dargestellt. In der Weiheinschrift des Aachener Domes, die unter dem großen Gesims des Oktogons angebracht ist, heißt es denn auch, daß »in jeglichem Teil Zahl und Maß« übereinstimmen. Diese Inschrift war schon zur Erbauungszeit in roter Farbe an gleicher Stelle zu lesen. Wenn auch unter den Fachleuten viele Einzelheiten umstritten sind, z. B. ob der Pfalzkapelle ein Zehner- (Kreusch) oder Zwölfersystem (Hugot) zugrundeliegt, so sind sich die beiden Dombaumeister doch in der Annahme einig, daß sich Breite, Länge und Höhe des Bauwerks entsprechen. Zu dieser Aussage kommen sie freilich auf verschiedenen Wegen. Übereinstimmung herrscht bei der Feststellung, daß der innere Umfang des Oktogons 144 karolingische Fuß (33,3 cm) beträgt. Uns kommt eine solche Zahl »krumm« und zufällig vor. Für einen mittelalterlichen Menschen war sie dagegen als eine in der Bibel mehrfach genannte Größe höchst

Gott als Schöpfer der Welt mit dem Zirkel des Architekten. Aus einer französischen Bibel, 13. Jahrhundert, Österreichische Nationalbibliothek, Wien

aussagekräftig. Zwölf ist eine Zahl, die Abrundung und Vollkommenheit bedeutet: zwölf Stämme Israels, zwölf Apostel; auch zwölf Monate, zwölf Tierkreiszeichen . . . 144 = 12 mal 12 meint also die denkbar größte Vollendung. So ist auch die Zahl der Auserwählten aus allen Stämmen der Kinder Israels 144 000. In der Geheimen Offenbarung heißt es im 21. Kapitel: »Und er (der Engel) führte mich im Geiste auf einen großen hohen Berg und zeigte mir die heilige Stadt Jerusalem, die von Gott aus dem Himmel herabstieg und die Herrlichkeit Gottes an sich trug . . . Der mit mir sprach, hatte einen goldenen Meßstab, um die Stadt, ihre Tore und die Mauern zu messen. Die Stadt ist im Viereck gebaut, ihre Länge so groß wie ihre Breite. Er maß bei der Stadt mit dem Stabe zwölftausend Stadien; ihre Länge, Breite und Höhe sind gleich. Er maß ihre Mauer auf einhundertvierundvierzig Ellen, Menschenmaß, das auch ein Engel gebraucht.« Der Baumeister hat also versucht, die Maßangaben des Engels der Apokalypse in seiner Kirche zu verwirklichen: Die Pfalzkapelle ist ein Abbild des himmlischen Jerusalem.

BARBAROSSALEUCHTER

Daß diese Ideen auch vierhundert Jahre später noch bekannt waren und schöpferisch weiterentwickelt wurden, beweist der große Radleuchter (S. 78/79), den Kaiser Barbarossa vermutlich nach der von ihm betriebenen Heiligsprechung Karls des Großen im Jahre 1165 in Auftrag gab. An der 27 m langen Kette scheint wirklich eine ideale Stadt vom Himmel herabzuschweben, mit zinnenbewehrten Mauern, zahlreichen Türmen und torartigen Bauten. Wenn die 48 Kerzen brennen, wird der Vers der Apokalypse unmittelbar anschaulich: Die Stadt »spiegelte die Lichtfülle Gottes, ihr Glanz glich dem eines Edelsteins . . .« Die Bibel spricht von zwölf Toren, die der Seher am himmlischen Sion zählt. Der Barbarossaleuchter hat acht größere und acht kleinere Turmbauten und scheint damit der Vision des Johannes zu widersprechen. Doch die Inschrift des Lichterringes sagt ausdrücklich, daß der Kaiser den Auftrag gegeben habe, »Zahl und Gestalt« des Leuchters mit den Maßen der Kirche in harmonische Beziehung (S. 77) zu bringen. Acht Kreissegmente, acht große Tortürme und insgesamt sechzehn Turmbauten weisen deutlich genug auf das Oktogon und seinen sechzehneckigen Umgang hin.

Es sind übrigens noch zwei weitere vergleichbare Radleuchter aus dem 11. und 12. Jahrhundert erhalten, und zwar im Hildes-

Wächter und Engel vom Leuchter in Groß-Comburg, vor 1139

Bodenplatten von den Türmen des Barbarossaleuchters: Geburt Christi

Die Frauen am Grabe

Zwei Seligpreisungen (Mt 5,3—10)

heimer Dom und in der ehemaligen Klosterkirche von Groß-Comburg bei Schwäbisch Hall. Auch diese Leuchter variieren das Thema des himmlischen Jerusalem. Der Aachener Leuchter ist der jüngste und kleinste; er ist als einziger achteckig, nicht rund. Der Comburger Lichterreif (S. 21) zeigt Wächter, Heilige und Engel, die in den Türmen und Toren der Himmelsstadt stehen. In Aachen hat es diese Figuren auch gegeben; sie sind aber spurlos verschwunden. Erhalten sind dagegen die 16 Bodenplatten der Türme; ihre meisterlichen Gravierungen können in der Schatzkammer betrachtet werden.

HAUPTALTAR UND PALA D'ORO

Im östlichen Joch des Umgangs steht der Hauptaltar des Domes (S. 74), und zwar an der Stelle, wo er auch zur Zeit Karls des Großen gestanden hat. Wie erwähnt befand sich hier bereits der Altar der pippinischen Vorgängerkapelle. Die Marmorplatte ist karolingisch. Den Hauptschmuck bildet die »Pala d'oro« (S. 80—83), die goldene Altartafel, die vielleicht eine Stiftung Ottos III. ist, aber wohl erst unter Heinrich II. vollendet wurde. Die 17 Reliefs aus getriebenem hauchdünnem Goldblech — auf der Rückseite sind sie mit Harz ausgegossen — wurden erst nach dem letzten Weltkrieg in den jetzigen schlichten Holzrahmen eingefügt und als Antependium dem Hauptaltar vorgesetzt. In welchem Zusammenhang und an welcher Stelle in der Kirche dieses Kunstwerk ursprünglich zu denken ist, entzieht sich sicherer Kenntnis. Auch weiß man nicht, ob noch weitere Reliefs vorhanden waren. Neben Christus, der zentralen Mittelfigur, stehen Maria und Michael (nicht wie gewöhnlich Johannes der Täufer), umgeben von den Evangelistensymbolen. Die zehn äußeren Tafeln stellen Stationen aus der Leidens- und Auferstehungsgeschichte des Erlösers dar, vom Einzug in Jerusalem bis zu den Frauen am Grab. ». . . als geschlossener Passionszyklus steht die Aachener Tafel einzig da, denn die Zeit verlangt nicht das Dulden und Leiden des Herrn, sondern die öffentliche Wirksamkeit Christi und seine Wundertaten zu sehen.«[20] Die Darstellung der Majestas Domini (S. 81) ist von außerordentlicher Schönheit. Die Christusfigur wirkt rund und weich. »Zweifellos verspürt man darin noch etwas von der Kunst der Antike, die den Körper des Menschen plastisch darstellen konnte. Erst die romanische Kunst stilisiert den Körper.«[21] Das Motiv stammt wiederum aus der Apokalypse. Der jugendlich bartlose Christus sitzt frontal als Herr und Erlöser auf dem himmlischen Thron, die Wundmale des Leidens sind nicht mehr zu sehen. In der Rechten hält er den Kreuzstab, das Siegeszeichen, mit dem er die Christenheit zu segnen scheint. In der ebenfalls erhobenen, aber verhüllten linken Hand trägt er das Buch des Lebens. Dieses Buch ist geöffnet. Die Apokalypse erzählt im 5. Kapitel, daß nur das Christuslamm das Buch mit den sieben Siegeln öffnen kann: »Würdig bist du, das Buch zu empfangen und seine Siegel zu öffnen, denn du hast dich geopfert . . .« Dementsprechend ist das Buch, das Jesus — scheinbar unmotiviert — bei den Passionsbildern des Einzugs in Jerusalem (S. 82 oben), der Ölbergszene, der Gefangennahme (S. 82 unten) und der Dornenkrönung in der Hand hält, jeweils geschlossen. Der Jesus vor der Auferstehung trägt außerdem einen Bart. Christus ist von der Mandorla umgeben, dem mandelförmigen Heiligenschein, der die ganze Gestalt umfaßt. Leider ist der Erhaltungszustand der Goldreliefs nicht der beste: ». . . mancherlei, vor allem in der besonders gefährdeten unteren Bilderreihe, ist zerdrückt und von der Hand des Restaurators geglättet.«[22]

Goldenes Antependium aus dem Baseler Münster. Um 1015—1024. Paris, Museé de Cluny

Außer der Aachener Altartafel gibt es nur noch ein einziges goldgetriebenes Antependium aus ottonischer Zeit. Es befindet sich im Cluny-Museum in Paris und ist ursprünglich ein Geschenk Kaiser Heinrichs II. an das Münster in Basel. Beide Kunstwerke stammen wahrscheinlich aus der gleichen kaiserlichen Werkstatt, die sich vielleicht in Fulda befunden hat.

KÖNIGSKRÖNUNGEN

Folgen wir noch einmal dem anschaulichen Bericht Widukinds, um uns eine Vorstellung zu machen, was sich im Oktogon und am Hauptaltar insgesamt fünfundzwanzigmal zwischen 936, der Krönung Ottos I., und 1376, der Krönung Wenzels, ereignet hat. Die fünf restlichen Aachener Krönungen haben in der inzwischen errichteten Chorhalle stattgefunden. Nachdem der »weltliche« Teil der Krönung im Atrium vor der Kirche abgeschlossen war, »erwartete der Erzbischof (Hildebert von Mainz) mit der gesamten Priesterschaft und dem ganzen Volk innen in der Basilika den Aufzug des neuen Königs. Als dieser eintrat, ging ihm der Erzbischof entgegen, berührte mit seiner Linken die Rechte des Königs, während er selbst in der Rechten den Krummstab trug, bekleidet mit der Albe, geschmückt mit Stola und Meßgewand, und schritt dann vor bis in die Mitte des Heiligtums, wo er stehen blieb. Dann zum Volke gewandt, das

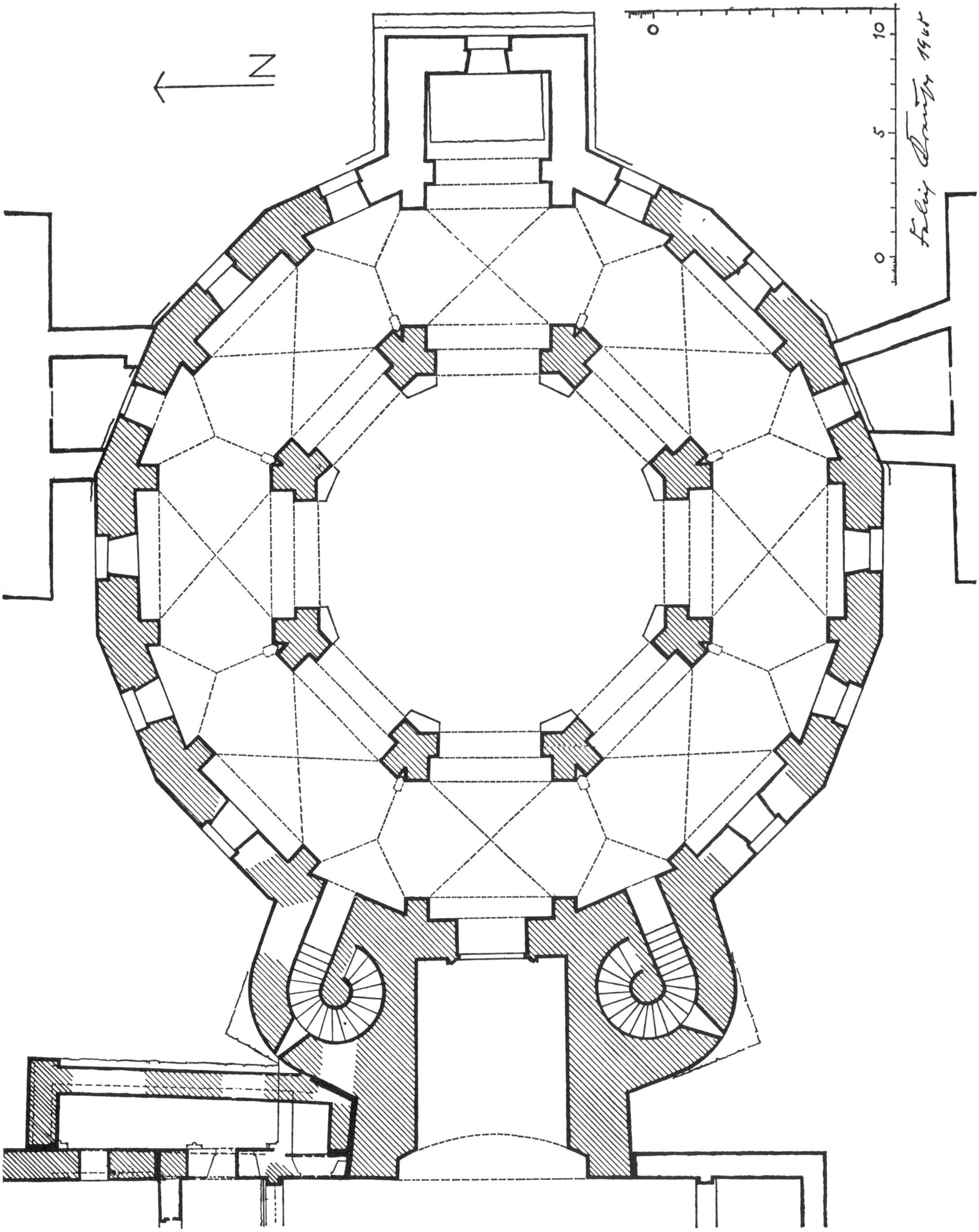

Pfalzkapelle, Grundriß des Erdgeschosses; im Osten Rekonstruktion des karolingischen Chores (Kreusch 1965, geringfügig verändert)

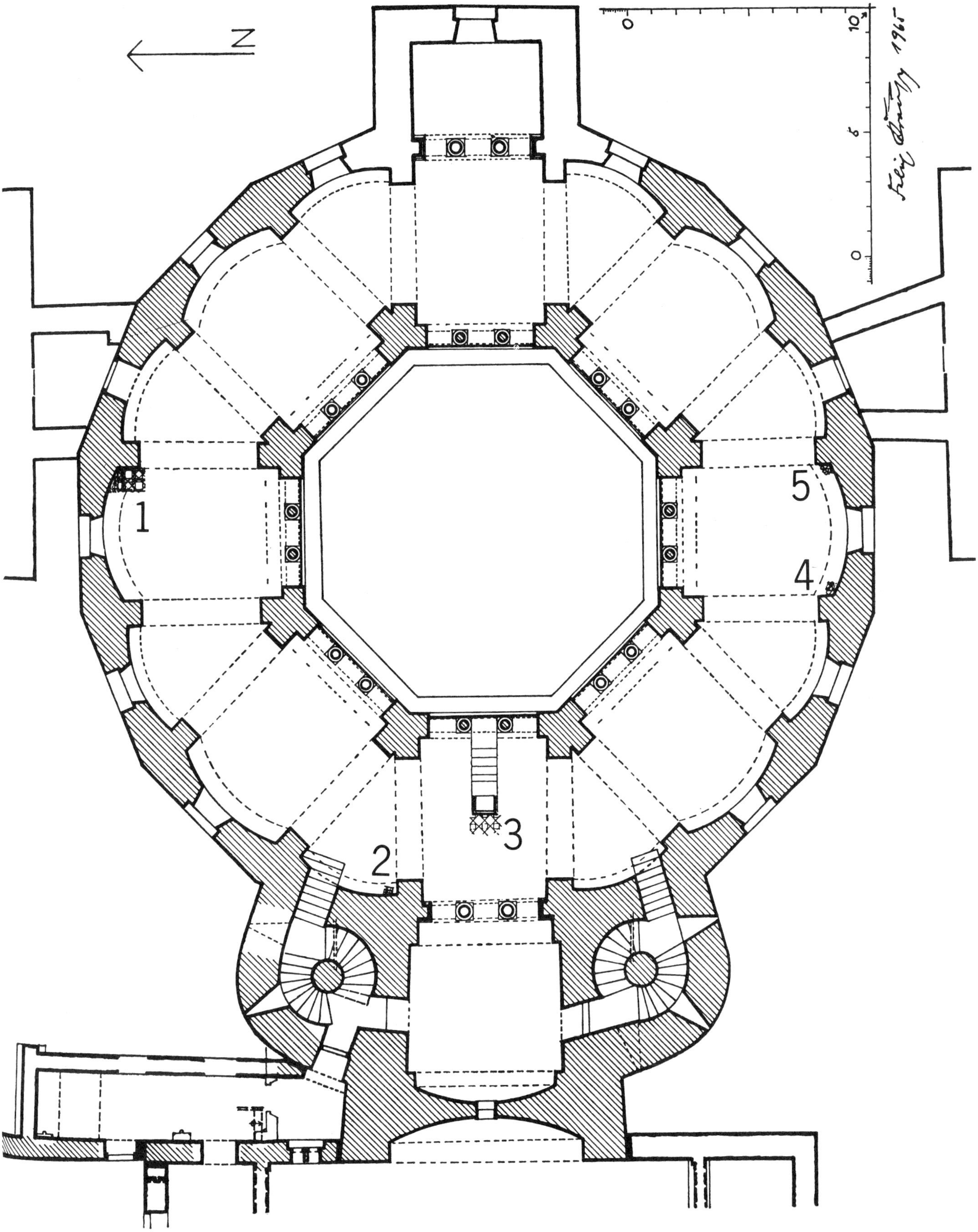

Pfalzkapelle, Grundriß des Obergeschosses; im Osten Rekonstruktion des karolingischen Chores. 1—5: Reste des ursprünglichen Bodenbelages (Kreusch 1965, geringfügig verändert)

ringsumher stand — es waren nämlich in dieser Basilika Säulengänge unten und oben herum —, so daß er von allem Volk gesehen werden konnte, sprach er also: ›Sehet, hier bringe ich euch den von Gott erkorenen und einst vom großmächtigen Herrn Heinrich bestimmten, nun aber von allen Fürsten zum König gemachten Otto; wenn euch diese Wahl gefällt, so bezeugt dies, indem ihr die rechte Hand zum Himmel emporhebt.‹ Darauf hob alles Volk die Rechte in die Höhe und wünschte mit lautem Zuruf dem neuen Herrscher Heil. Sodann schritt der Erzbischof mit dem König, der nach fränkischer Art mit enganliegendem Gewande bekleidet war, hinter den Altar, auf dem die Abzeichen des Königs lagen, das Schwert mit dem Wehrgehenk, der Mantel mit den Spangen, der Stab mit dem Zepter und das Diadem.« Widukind berichtet nun von einem Streit zwischen den Erzbischöfen von Trier, Köln und Mainz, wem die Ehre der Weihe gebühre, und fährt fort: Hildebert »trat an den Altar, nahm hier das Schwert mit dem Wehrgehenk und sprach zum König gewendet: ›Empfange dieses Schwert und treibe mit ihm aus alle Widersacher Christi, die Heiden und schlechten Christen, da durch Gottes Willen alle Macht im ganzen Frankenreich dir übertragen ist, zum bleibenden Frieden aller Christen.‹ Sodann nahm er die Spangen und den Mantel und bekleidete ihn damit, indem er sagte: ›Die bis auf den Boden herabreichenden Zipfel deines Gewandes mögen dich erinnern, von welchem Eifer im Glauben du entbrennen und in Wahrung des Friedens beharren sollst bis in den Tod.‹ Darauf nahm er Zepter und Stab und sprach: ›Diese Abzeichen sollen dich ermahnen, mit väterlicher Zucht deine Untertanen zu leiten und vor allem den Dienern Gottes, den Witwen und Waisen die Hand des Erbarmens zu reichen; und niemals möge dein Haupt des Öls der Barmherzigkeit ermangeln, auf daß du in Gegenwart und Zukunft mit ewigem Lohne gekrönt wirst.‹ Darauf wurde er alsbald mit dem heiligen Öle gesalbt und mit dem goldenen Diadem gekrönt von den Bischöfen Hildebert und Wichfrid (von Köln) . . .«
So weit die Zeremonien am Altar des Erdgeschosses. Über den weiteren Ablauf des Krönungsvorgangs sagt Widukind: »Und als nun die rechtmäßige Weihe vollzogen war, wurde er von eben denselben Bischöfen zum Thron geführt, zu dem man auf Wendeltreppen hinanstieg, und er war zwischen zwei marmornen Säulen von wunderbarer Schönheit so errichtet, daß der König von hier aus alle sehen und von allen wiederum gesehen werden konnte.«

UNTERER UMGANG

Der Umgang, der sich sechzehneckig um das innere Achteck legt, ist ein kompliziertes Raumgebilde, das aus abwechselnd vier- und dreieckigen Raumsegmenten besteht (S. 24, 84). Diese Unterteilung entsteht durch die gewinkelte Form der großen Pfeiler, die in verschiedene Richtungen weisen. »Sie bestehen gleichsam aus vier Vorlagen, von denen eine jede Bezug nimmt auf eine Gegenübervorlage, die sich genau gegen sie einstellt. Die Körperform zergliedert sich — im Grunde ist dies schon das Prinzip des romanischen Bündelpfeilers — nach verschiedenen Richtungen des Raumes. In der antiken Baukunst waren alle architektonischen Stützformen, von ihrer Vertikalität abgesehen, im Grunde richtungslos gewesen, reine Körperformen, die gerundete Säule vor allem. Im Mittelalter dagegen entwickeln sich Pfeiler, die mit ihren verschiedenen Vorlagen räumlich auf gegenüberliegende Vorlagen an Wänden oder benachbarten Pfeilern bezogen und damit festgelegt werden. Eben damit wird auch der Raum selbst festgelegt, und zwar nun nicht mehr einseitig, so wie etwa die frühchristliche Basilika durch die einander parallelen Arkadenfolgen allein in der Längsrichtung festgelegt war. Der mittelalterliche Raum wird, wofür gerade die rechteckigen Abschnitte des Aachener Erdgeschoßumgangs eines der frühesten Beispiele sind, auch in der Gegenrichtung gebunden.«[23] Es finden nämlich nicht nur die Vorlagen der Pfeiler ihre jeweilige Entsprechung an der Außenwand des Sechzehnecks, sondern jedem Oktogonbogen ist ein Schildbogen hinterlegt, der an der Außenwand gleichsam gespiegelt wiederkehrt. Ein Kreuzgratgewölbe verbindet die einzelnen Raumteile; es entsteht, weil das umlaufende Tonnengewölbe in den acht Rechteckräumen von Quertonnen durchdrungen wird.
In das obere Geschoß gelangt man über eine der beiden karolingischen Wendeltreppen des Westbaus; sie sind bemerkenswert breit angelegt und bequem zu gehen, da die Stufen nur geringe Höhe haben.

OBERER UMGANG

Beide Umgänge wirken heute recht dunkel, weil mehrere Fenster durch die späteren Kapellenanbauten verstellt sind. Der obere Umgang unterscheidet sich sehr vom unteren; das macht ein Blick in die Gewölbezone deutlich (S. 25, 85). Hier sind die vier- und dreieckigen Raumteile durch Scheidbögen klar voneinander getrennt. Die Gewölbe der dreieckigen Zwickelräume liegen fast ganz im Dunkel. Die Rechteckräume haben zum Oktogon hin steil aufsteigende Tonnengewölbe und richten sich so klar auf den Zentralraum aus. Im Westen und ursprünglich im Osten liegt das Tonnengewölbe waagerecht. Die Innenseiten aller Außenwände des Umgangs sind im Unterschied zum Erdgeschoß nicht gerade gerichtet, sondern wölben sich muldenartig nach außen. W. Schöne hat die besondere künstlerische Gestaltung des oberen Umgangs hervorgehoben, in dem eine »buchstäblich höhere Welt beginnt . . . Der Platz auf der Empore hat in jedem Betracht höheren Rang.« Erst dort erschließt sich der eigentliche Charakter der Aachener Architektur: »Als senkrechte Mitte des Baus, in die wir hinein-, hinunter- und hinaufblicken, erfahren wir den Oktogonraum von der Empore aus als ein in einem eigentlichen Sinne unbetretbares, aber gerade darum überaus eindringliches Innen, als das Nicht-zu-Betretende, den Un-Raum des Numinosen.«[24]

GITTER

Im Emporenumgang kann man die acht Bronzegitter genauer betrachten, die neben den Säulen für den Gesamteindruck so bedeutsam sind. Wie die bronzenen Türen wurden sie zur Zeit Karls in Aachen jeweils in einem Guß hergestellt. »Es gibt im ganzen Mittelalter nur wenige bessere Bronzen.«[25] Die Gitter weisen eine erstaunliche Vielfalt in Gußtechnik und ornamentaler Gestaltung auf. Das Gitter im Westen vor dem Thron (I) ist

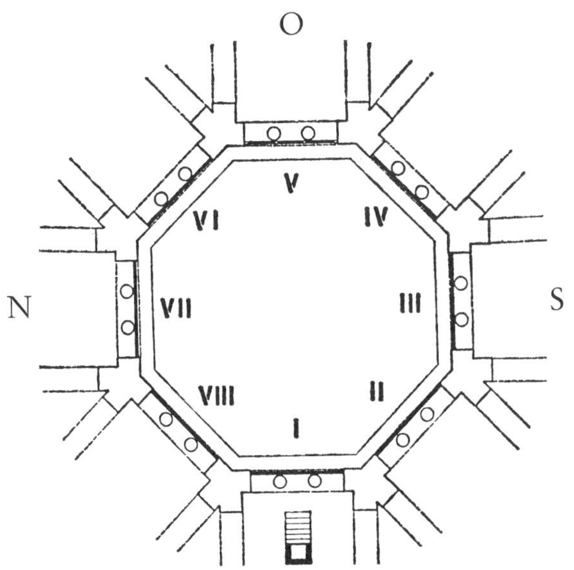

Schema des Obergeschosses der Pfalzkapelle mit den acht Gittern nach der Bezeichnung von Braunfels: I — »römisches« Gitter vor dem Thron, fünfteilig; II und VI — »fränkisch«, vierteilig; III und VII — »klassizistisch II«, vierteilig; IV und VIII — »klassizistisch I«, vierteilig; V — »römisches« Gitter im Osten, dreiteilig

fünfteilig, das gegenüberliegende im Osten (V) zeigt drei Felder; bei beiden ist das Rahmenwerk hohl gegossen. Die restlichen sechs Gitter sind jeweils vierteilig, aber keinesfalls alle gleich; bei ihnen ist das Rahmenwerk Massivguß. Die Gitter II (Vorsatz vorne) und VI hat Braunfels »fränkisch« genannt, um damit anzudeuten, in welcher künstlerischen Tradition ihre Ornamentik wurzelt. Sie wirken flächig, »als wären sie mit der Säge aus einem Kupferblech geschnitten«.[26] Mit Gitter I und V (Vorsatz hinten und S. 71), den »römischen«, sind die fränkischen Gitter durch ihre Rahmung aus Fünfblatt- und Volutenstauden verwandt. In den Feldern herrscht allerdings ein völlig anderer Ornamentstil vor, er ist der römischen Antike verpflichtet. Die vier restlichen Gitter (IV und VIII; III und VII) sind paarweise gleichgestaltet. Braunfels bezeichnet sie als »klassizistisch I« (S. 86) und »klassizistisch II« (S. 87). Mit diesen Bezeichnungen ist auch eine Entwicklungslinie angedeutet: Die »fränkischen Werkstätten kamen nicht von der Antike her, sie gingen auf sie zu«.[27] Die klassizistischen Gitter weisen statt der Volutenstauden Pilaster mit Kapitellen auf. Gitter IV und VIII erinnern in ihrer winkligen Linienführung an das bekannte Karlsmonogramm. Die obere Leiste — gleichsam der Architrav

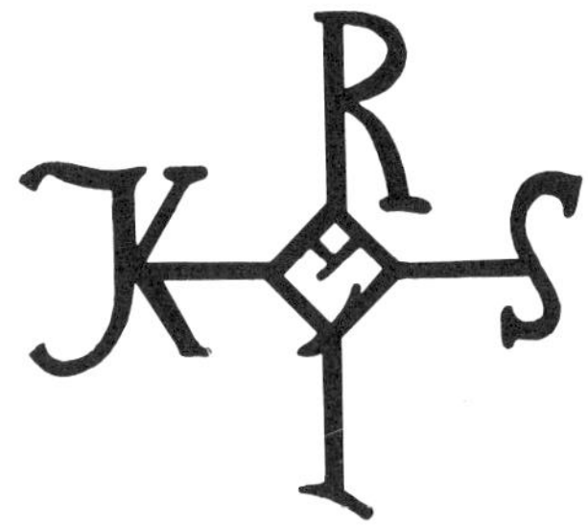

Karlsmonogramm. Unter Königsurkunden setzten die mittelalterlichen Schreiber das komplizierte Namenszeichen des Herrschers. Karl der Große konnte selbst nur unvollkommen schreiben. Sein »Vollziehungsstrich« in der Mitte machte die Urkunde rechtsgültig

über den Pilastern — weist außerordentlich kleinteilige Verzierungen auf (S. 91). »Mit gesuchter Anmut«[28] vereinigen sich fein gezeichnete Akanthusranken antiken Musters zu einem fortlaufenden Band. »Freilich mag sich der Meister nach der Vollendung dieser beiden Gitter bewußt geworden sein, daß der elegante Akanthusfries in der Höhe und Weite des Oktogons nicht zur Wirkung kommen konnte. Deshalb hat er ihn in seinen beiden letzten Brüstungen durch den ruhigen, streng gegliederten Architrav ersetzt.«[29] Gitter III und VII (S. 87, 71) bringen wieder ein anderes Motiv; in jedes der vier Felder ist ein rechteckiger Rahmen wie ein Fenster eingespannt. »Die größte Würde besitzt dieses letzte, einfachste Gitterpaar.«[30] Braunfels hat am Schluß seiner Untersuchung über die Bronzewerkstatt Karls des Großen für die Gitterbrüstungen eine eindrucksvolle Deutung gegeben, die die Pionierleistung des großen Franken in der Frühzeit der mittelalterlichen Kunst erneut bewußt macht: »Bekunden Säulen und Thron den Rang und die Macht des Königs, so die Gitter seinen Reichtum. Sie gehören zu den ganz seltenen Werken, die den Repräsentationsstil eines Hofes vergegenwärtigen, der unter unsagbaren Anstrengungen mit kostbaren, kleinen, genauen und zarten Werken seinen Bereich gegen das ungestaltete Land ringsum abzugrenzen suchte.«[31] Übrigens waren diese Gitter 1794 auch bereits für den Abtransport nach Paris ausgebaut, sie wurden aber in Aachen versteckt und blieben in der Stadt.

KÖNIGSTHRON

Im westlichen Joch des Obergeschosses steht der berühmte Königsthron (S. 88—90, 92), das geschichtlich bedeutendste Ausstattungsstück des Domes. Sechs Marmorstufen, von denen vier durch ihre gerundete Rückseite die Herkunft aus einer antiken Säulentrommel verraten, führen zu einem schweren blockartigen Sockel aus Kalkstein, der ein karolingisches Profil zeigt. Dieser Sockelstein ist aus zwei Stücken zusammengesetzt; sie werden durch zwei Eisenklammern und einen sogenannten Doppelschwalbenschwanz aus Eichenholz (S. 28) zusammengehalten. Der Thronsockel ruht auf vier rechteckigen, aber ungleichen Steinpfosten, die ihrerseits oben durch sich kreuzende Eisenbänder verklammert sind. Die Pfosten lassen eine 45 cm breite Öffnung frei; durch sie zwängten sich in späteren Zeiten die Pilger, für die der Thron zu einem verehrten Heiligtum geworden war. Auf dem Sockel erhebt sich der ar-

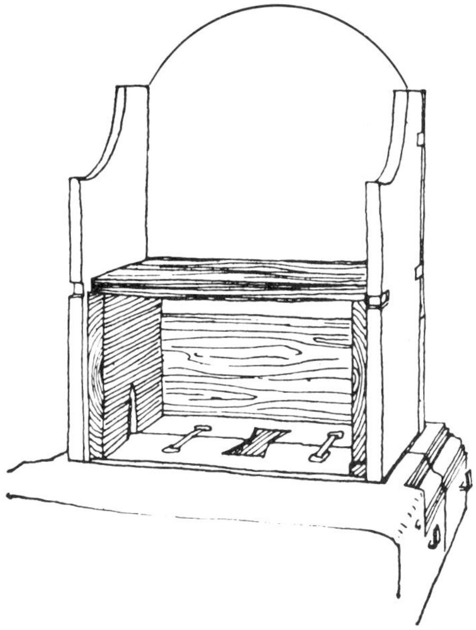

Thron ohne vordere Marmorplatte. Die beiden Teile des Steinsockels sind durch zwei Eisenklammern und einen hölzernen Doppelschwalbenschwanz zusammengefügt. Eingestellte Holzbretter als Sitz. (Zeichnung Kreusch 1958; geringfügig verändert)

chaisch streng wirkende, kastenförmige Sitz aus vier Marmorplatten, die mit Bronzeklammern zusammengehalten werden; die Marmorplatten sitzen in rinnenartigen Vertiefungen, die in den Sockel eingearbeitet sind. Die Seitenwangen sind viertelkreisförmig als Armlehnen ausgeschnitten. Die hintere Platte ist wohl nach einer Beschädigung nach oben versetzt worden. Das fehlende Stück wurde durch ein neues Holzbrett ersetzt. Möglicherweise ist nach der Beschädigung der Rückenplatte auch der obere Abschluß des Thrones verändert worden. Der heutige flache Bogen macht einen klassizistischen Eindruck. Es könnte sich ursprünglich am ehesten um einen trapezförmigen Abschluß wie beim Goslaer Kaiserstuhl gehandelt haben. Darauf scheint unter anderem eine Nachricht der Zeit um 1840 hinzudeuten, in der es heißt: »Zu beklagen ist, daß man die viereckte (!) Rücklehne vor etwa 25—30 Jahren rund behauen hat; weil man auf diese Weise ihr eine elegantere Form zu geben wähnte.«[32] Die eigentliche Sitzfläche besteht aus einem schlichten Eichenbrett, das auf zwei seitlichen Brettern aufruht. Die alten Sitzbretter des Thrones können in der Schatzkammer besichtigt werden. Bei Krönungsfeierlichkeiten war der Thron mit kostbaren Teppichen bedeckt und sicherlich auch mit Kissen versehen. Am Sockel sind noch Eisenhaken sichtbar, »die zur Aufnahme von Stangen oder Ringen dienten, an denen die Teppiche befestigt waren«.[33] An der Rückseite des Herrschersitzes steht seit 1305 der Nikasiusaltar.

Die vier Begrenzungsplatten des Thrones bestehen aus parischem Marmor. Die heute sichtbare Gelbfärbung stammt von teerhaltiger Pappe, mit der der Thron umgeben wurde, als er während des Zweiten Weltkrieges eingemauert wurde. Daß es sich um antiken Marmor handelt, der zu Karls des Großen Zeit schon ein ehrwürdiges Alter hatte, ist sicher. Über seine Herkunft gibt es nur Vermutungen. Einen Hinweis auf die antike

Kaiserstuhl. Goslar, Vorhalle des ehemaligen Domes. Letztes Viertel 11. Jahrhundert

Verwendung der Marmorplatten geben vielleicht die Einritzungen, die sich auf dem Thron finden. Am deutlichsten erkennbar ist eine Art »Mühlespiel«, das sich an der rechten Außenwange befindet und von dem Kreissegment der Armstütze angeschnitten wird. Eine solche Einritzung hat wohl nur Sinn, wenn die Platte einst waagerecht gelegen hat. Auf dem Marmorfußboden der Basilica Julia auf dem Forum Romanum haben die Archäologen mehr als hundert Spielfelder eingeritzt gefunden. Wer im Gerichtsgebäude warten mußte, vertrieb sich mit einem Brettspiel die Zeit. So könnten die Platten des Thrones also aus einem antiken Gebäude stammen. Wo immer es gestanden haben mag — es muß von solcher Bedeutung gewesen sein, daß seine Bodenplatten als Material für den Thronsitz gerade gut genug waren. Es hätte ja zweifellos neuer Marmor genommen werden können, wenn die Zweitverwendung nicht einen besonderen Sinn ergeben hätte. Der Gedanke liegt also nicht so fern, daß es sich bei den Thronplatten um Reliquien handeln könnte.

Ein berühmtes Beispiel dieser Art ist die Scala Santa des Lateran in Rom. Ihre Marmorstufen gelten als die Treppe im Palast des

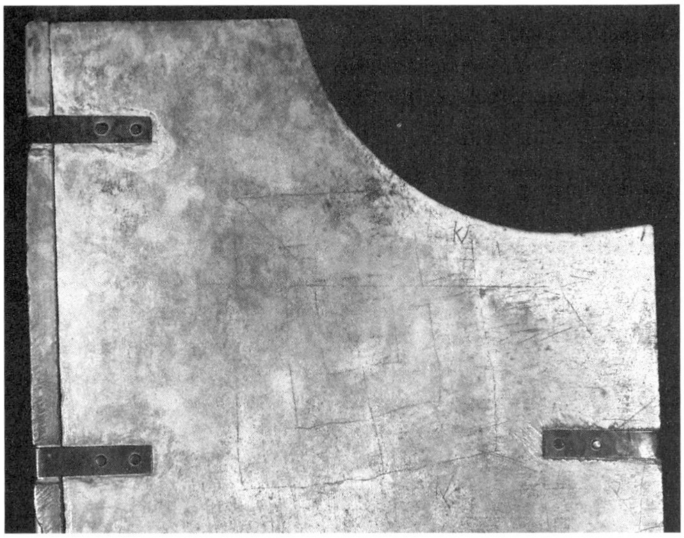

»Mühlespiel« am Königsthron

Pontius Pilatus, über die Jesus geschritten ist, als er nach der Geißelung dem Volk vorgeführt und verurteilt wurde. Die Kaiserin Helena hat die Treppe nach Rom bringen lassen.
Wer auf dem Thron saß, nahm in dieser Kirche den höchsten Platz ein. Kein Priester, kein Bischof saß höher. Der Thronende konnte den Gottesdienst am Hauptaltar im Erdgeschoß (Marienaltar) verfolgen; er konnte auch den Altar im Obergeschoß (Salvatoraltar?) sehen (S. 93), der ursprünglich dem Thron gegenüber im Ostjoch stand, denn die karolingische Kirche hatte auch einen doppelgeschossigen Altarraum, so daß (anders als heute) zwei Altäre übereinander standen. Von hier aus konnte der König »alle sehen und von allen wiederum gesehen werden«, wie Widukind sagt. Vom Thron aus hatte der Herrscher die antiken Säulen, diese Zeichen kaiserlicher Macht und königlichen Reichtums, vor Augen. Er war zuvor mit heiligem Öl gesalbt worden; die Königsweihe galt lange als eigenes Sakrament. Saß der neue König nun auf dem Thron, so konnte er das Christuslamm des Kuppelmosaiks sehen, und er wußte, daß

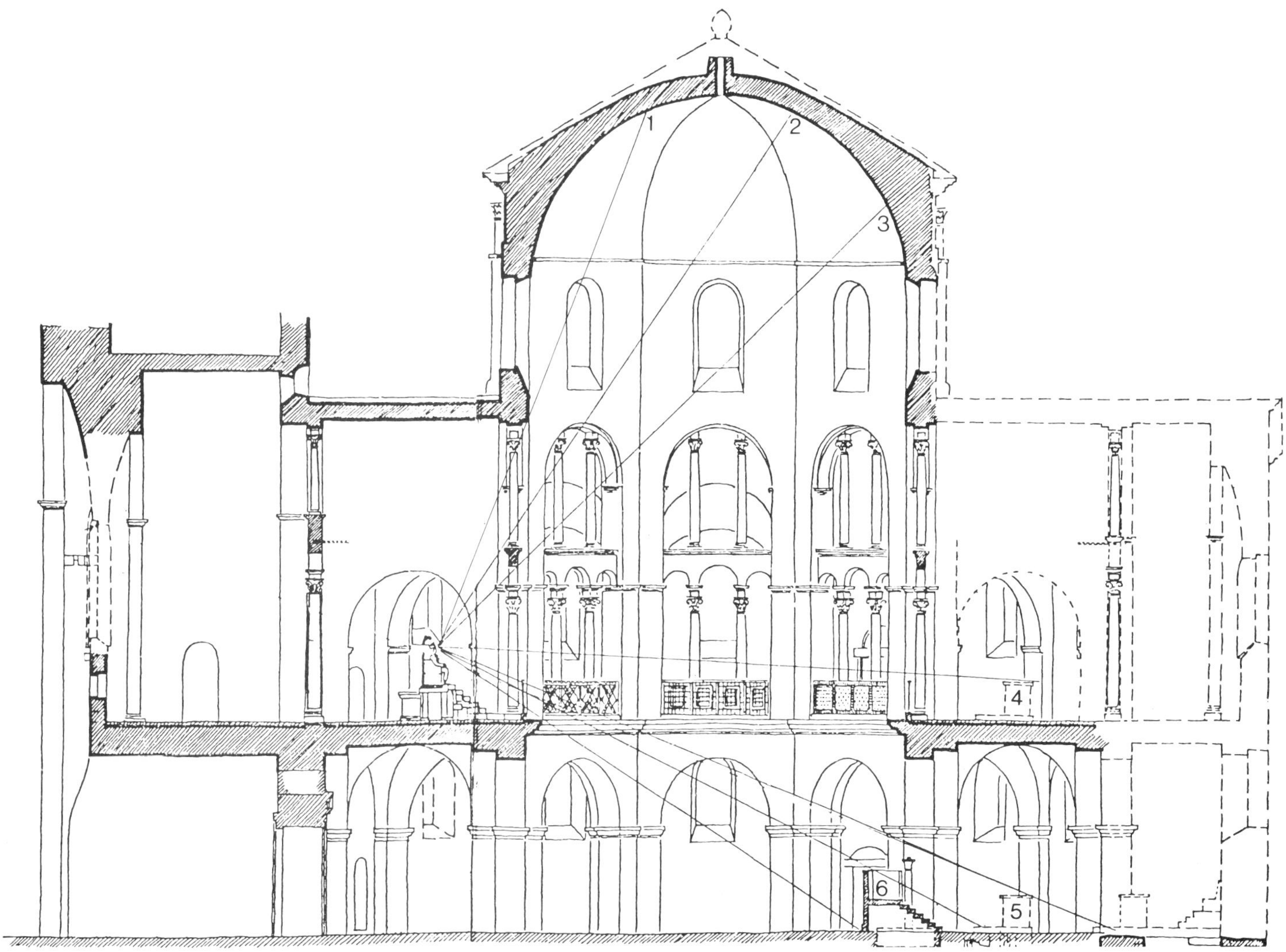

Sichtlinien vom Thron aus. Der Thronende sieht die Mitte des Kuppelmosaiks zwischen den Linien 1 und 2 [ehemals mit dem Lamm (?); die staufische (?) Christusdarstellung zwischen den Linien 2 und 3 ist durch die Dreibogenbrücke zwischen den Säulen verdeckt] und den Altar im Obergeschoß gegenüber (4). Durch das geöffnete Throngitter sind der Altar im Untergeschoß (5) und der Ambo (6) zu sehen. (Zeichnung Kreusch 1958, geringfügig verändert)

dort das Ende aller irdischen Machtausübung dargestellt war. Er befand sich im Westen und blickte genau nach Osten. »Denn so wie der Blitz vom Osten ausgeht und bis zum Westen leuchtet, so wird es auch sein mit der Ankunft des Menschensohnes.« (Mt 24,27) Auch des Königs Herrschaft würde sich eines Tages vor dem höchsten Richter verantworten müssen. Hier kann nachvollzogen werden, was sakrales Königtum im Mittelalter bedeutet.

Ist der Herrschersitz im Hochmünster der Thron Karls des Großen? Diese Frage ist umstritten. Im wesentlichen stehen sich zwei Meinungen gegenüber; einige ihrer Hauptargumente seien angedeutet. Die eine Ansicht geht davon aus, daß der heutige Thron tatsächlich Karls des Großen Herrschersitz ist und »an seiner ursprünglichen Stelle und in seiner ursprünglichen Gestalt vor uns steht«.[34] »Weil die Kirche so gebaut ist, daß alle Kraftlinien sich dem einen bevorzugten Platz im Obergeschoß zuwenden, dürfen wir annehmen, daß dort auch immer ein Thron gestanden hat. Säulen rahmen ihn vorn, ein offener Bogen mit abermals doppelter Bogenstellung hinterfängt ihn, sechs Stufen, wie zu dem Thron König Salomos, führen zu dem schlichten, aus antiken Marmorplatten gefügten Sitz. Am Hof hatte Karl den Namen David. Dieser Name sollte hervorheben, daß auch der Alte Bund, neben der antiken Gedankenwelt, in dem neuen christlichen Imperium Vorbildlichkeit besaß.«[35] Daß germanische Könige bei ihrer Krönung gesalbt wurden, hatte in der Salbung Davids durch Samuel sein Vorbild. Der Thron steht in der Tat an einer bevorzugten Stelle. Ausschließlich im Obergeschoß sind die römischen Säulen konzentriert. Nur im westlichen und östlichen Joch ist der Umgang durch einen zusätzlichen Raum erweitert, im Westen durch die sogenannte Kaiserloge mit ihrer Säulenstellung, die den Herrschersitz gleichsam mit Hoheitszeichen umstellt (S. 92), im Osten durch den ehemaligen karolingischen Chor. Nur hier sind statt der steigenden Tonnen horizontale Tonnengewölbe zu finden; beide Räume gewinnen so eine größere Selbständigkeit. Thron und Altar bilden eine geheime West-Ost-Achse, die den Mittelraum zwar unberührt läßt, aber »durchaus fühlbar« wird, »wenn man sich ... in den Räumen dieser Achse selbst befindet«.[36] Auch die Gitter deuten diese Achse an: Nur hier zeigen sie fünf- bzw. dreiteilige Felder. Schließlich ist das Westgitter selbst ein wichtiger Hinweis auf die Stellung des Thrones. Welchen Sinn sollte die Aussparung in der Mitte haben — die jetzige schlichte schmiedeeiserne Tür stammt aus dem 17. Jahrhundert — wenn nicht den, dem hier Thronenden den Blick ins Oktogon freizugeben? Immer wieder sind diese Zusammenhänge gesehen und formuliert worden: »Die Aachener Pfalzkapelle als Kunstwerk ist auf den Königsthron bezogen.«[37] Oder Buchkremer: »Die Schönheiten, die das Bauwerk aufweist, steigern sich dorthin, wo der Königsstuhl steht. Alles ist auf diese Stelle ausgerichtet. Mag man unten im Oktogon stehend den Eindruck haben, als ob das Bauwerk durch seine große Höhenentwicklung nicht gut zu überschauen wäre, ohne starke bildliche Verzerrungen wahrzunehmen, so ändert sich dieses Bild wesentlich vom Throne aus ... Man hat das Gefühl, als ob der Königsstuhl der Mittelpunkt der ganzen Anlage wäre und nicht die Mitte des Oktogons. Dadurch wirkt die Kirche viel größer als sie in Wirklichkeit ist. Man glaubt, auch seitlich und hinter sich die Raumgestalt noch kreisend zu fühlen ...«[38]

Demgegenüber hat Hugot eine andere Auffassung vertreten: »Vor 936 hat an dieser Stelle kein Thron gestanden, und Karl der Große hat an dieser Stelle nicht gesessen.«[39] Damit wird ausdrücklich nicht bezweifelt, daß der Thron selbst karolingisch ist; er könnte »Karl dem Großen an anderem Orte als Thronsessel gedient haben«.[40] Der Dombaumeister kommt zu seiner Anschauung vor allem auf Grund der Untersuchungen des Baubefundes. Der Aufbau der gesamten Thronanlage wirkt merkwürdig roh und primitiv, verglichen mit der Sorgfalt karolingischer Steinbehandlung, wie sie z. B. die originalen Kapitelle in der Kaiserloge aufweisen. Diese Kaiserloge selbst — der Name ist modern und suggeriert, daß hier etwa der Platz der kaiserlichen Familie gewesen sei — hat ihr heutiges Aussehen durch eine Rekonstruktion Buchkremers im Jahre 1899 erhalten. Unter Verwendung von vier karolingischen Kapitellen ist damals die Säulenstellung nach dem Vorbild der Oktogonsäulen aufgebaut worden. Hugot hält diese Wiederherstellung für nicht genügend gesichert. Er nimmt an, daß die »Loge« durch eine Mauer mit Türen vom übrigen Umgang abgetrennt war. Stimmt diese Annahme, wofür es Hinweise im Baubefund gibt, so verliert das westliche Umgangsjoch jedenfalls viel von seiner besonderen architektonischen Auszeichnung. Buchkremer hat den Treppenaufbau vor dem Thron im Zeitraum zwischen 1899 und 1938 nicht weniger als viermal verändert, und auch vorher muß es bereits zahlreiche Umbauten gegeben haben. Zunächst entschied er sich für sieben Stufen, später für die sechs der jetzigen Form. Hugot hält aus Gründen z. B. der Höhe der alten Stufen die Siebenzahl für die richtige. Damit würden aber alle Bezüge zum Thron Salomos, der im Alten Testament mit sechs Stufen beschrieben wird, entfallen. Wegen all dieser Veränderungen wird »der absolut schlüssige Beweis ... nicht mehr erbracht werden können«.[41] Eines der gewichtigsten Argumente für eine ursprüngliche Aufstellung des Thrones an der heutigen Stelle ist das westliche Bronzegitter mit seiner Türöffnung. Auch Hugot gibt zu: »Würde das zu öffnende Gitter an seiner heutigen Stelle den ursprünglichen Platz haben, wäre gegen eine karolingische Aufstellung des Thrones wohl kaum ein schlüssiger Einwand zu führen.«[42] Nun gibt es aber die Beobachtung eines Augenzeugen, C. P. Bock, der in den vierziger Jahren des 19. Jahrhunderts in einem Bericht an den Stiftspropst darauf hinweist, daß das Gitter mit der Türe vor seinem Ausbau in der Franzosenzeit im Osten gestanden habe und jetzt im Westen, also an der falschen Stelle, wieder eingebaut sei.[43] Allerdings bleibt die Frage offen, welchen Sinn die Gitteröffnung im Osten gehabt haben könnte. Hugot ist der Meinung, daß der Königsstuhl erst 936 anläßlich der Krönung Ottos des Großen an der jetzigen Stelle aufgebaut worden ist, daß der alte karolingische Sitz also damals einen ottonischen Unterbau bekommen hat. Tatsächlich ist der zitierte Widukindbericht der erste literarische Beleg für den Thron. Einhard z. B. erwähnt ihn nicht. Untersuchungen der erhaltenen Hölzer nach der dendrochronologischen Methode, die Anzahl und Form der Jahresringe

analysiert, haben ergeben, daß diese Hölzer von Bäumen stammen, die um 935 gefällt worden sind.
Zu welchem Ergebnis die wissenschaftliche Diskussion auch eines Tages führen mag, die ehrfurchtgebietende Geschichte dieses Herrschersitzes kann dadurch nicht erschüttert werden. Sechshundert Jahre lang haben die Könige des Deutschen Reiches nach Wahl, Huldigung, Weihe und Krönung diesen Thron bestiegen, mindestens seit dem 12. Jahrhundert auch in dem Bewußtsein, auf dem Thron Karls des Großen zu sitzen. »Man kann daher die Thronsetzung als die Besiegelung der Herrschaftsergreifung bezeichnen.«[44] »Es ist, als wenn der Karlsthron — nachdem Otto I. sich auf ihn gesetzt hatte — alle Nachfolger magnetartig angezogen hätte . . . erst von dem Augenblick an, in dem der neue Herrscher auf dem Karlsstuhl Platz genommen hat, ist fortan das Rechtsbewußtsein beruhigt. Denn erst dann hat das Reich wieder einen rechtmäßig ausgewiesenen ›Besitzer‹ . . .«[45] »Wer den Thron ›besitzt‹, ›besitzt‹ das regnum.«[46] Wipo, der Biograph Konrads II., hat die berühmte Formulierung vom »totius regni archisolium«, vom »Erzstuhl des ganzen Reiches«, geprägt, der also alle übrigen Herrschersitze des Deutschen Reiches an Bedeutung übertrifft. Wenn sich seine Formulierung vielleicht auch ursprünglich auf den Thron im Atrium bezieht, so trifft sie spätestens seit Kaiser Barbarossa auf den erhaltenen Sitz im Hochmünster zu.

BAUMEISTER, BAUPLAN, VORBILDER

Eine Quelle des späteren 9. Jahrhunderts nennt als Baumeister der Pfalzkapelle einen Odo, der in Metz begraben liegt. Über ihn ist sonst nichts bekannt. Der Plan für das repräsentative Bauvorhaben wird zweifellos unter intensiver Anteilnahme des Königs selbst und seiner gelehrten Mitarbeiter entstanden sein. Einhard war später eine Art »Oberaufseher der Palastbauten in Aachen«.[47] Notger von St. Gallen sagt geradezu, Karl habe die Kirche »propria dispositione«, »nach eigenem Plan«, erbauen lassen. Im byzantinischen Herrschafts- und Einflußbereich — und das war die angemessene Bezugsgröße für den Frankenkönig, der Gleichrangigkeit mit dem Basileus anstrebte — hatte sich für Palastkirchen ein Bautyp entwickelt, der aus einem zentralen Kuppelbau mit zweigeschossigem Umgang bestand. Auch spielte die Zahl Acht in der Grundrißgestaltung eine besondere Rolle. Von solchen Kaiserkirchen wissen wir z. T. aus literarischen Quellen, z. T. sind Beispiele noch archäologisch nachweisbar, in einigen Fällen haben sich die Bauten selbst erhalten. Die Frage, auf welche Anregungen, Einflüsse, Vorbilder der Aachener Karlsbau zurückgeht, in welchem Verhältnis Übernahme und Selbständigkeit zueinander stehen, gehört zu den schwierigen und deshalb auch umstrittenen Problemen der Kunstgeschichte. »Es ist kein Bauwerk bekannt, das der Aachener Pfalzkapelle mit allen signifikanten Eigentümlichkeiten vorausgeht und als einziges Vorbild evident wäre. Wohl aber kennen wir mehrere Bauten, die eins oder mehrere Motive der Aachener Pfalzkapelle als stilistische oder Gattungsmerkmale vortragen oder auch gestalthaft der Aachener Anlage allgemein ähnlich sind.«[48] Bei der Erörterung der komplizierten Abhängigkeitsverhältnisse mittelalterlicher Bauten von ihren Vorbildern ist stets zu bedenken, daß genaue Nachbildungen im Sinne von Kopien nicht erstrebt wurden. Für sie fehlten vermutlich auch technisch einige Voraussetzungen wie z. B. maßstäblich genaue Bauzeichnungen. »Von vornherein ist daher in allen Fällen mit Abwandlungen verschiedenen Grades zu rechnen. Andererseits drängt das typologische Denken und Sehen im Mittelalter zu Wiederholungen, nach ›Zitaten‹, für deren Genauigkeit freilich ganz andere Maßstäbe gelten, als das moderne Denken sie beansprucht. Die Berufung auf ein anerkanntes Vorbild gilt in der Regel mehr als eine Neuschöpfung. Der moderne Originalitätsbegriff ist der mittelalterlichen Kunst wesensfremd.«[49]
Von den bis heute erhaltenen Bauten scheinen vor allem zwei für den Aachener Plan wichtig gewesen zu sein. Der eine ist die Sergios- und Bacchoskirche (S. 32 oben) in Konstantinopel, die der junge Kaiser Justinian 527—536 nahe bei seinem Palast erbauen ließ. Sie wird volkstümlich die »Kleine Hagia Sophia« genannt — vielleicht haben beide Kirchen sogar den gleichen Architekten; nach 1500 wurde sie Moschee. Diese Kirche dürfte dem karolingischen Hof aus den Berichten seiner Gesandten bekannt gewesen sein. Der Grundriß zeigt einen ungefähr quadratischen Bau mit Nischen in den vier Ecken. Eingeschrieben ist ihm ein Oktogon aus kräftigen gewinkelten Pfeilern. Da sich die vier Diagonalseiten zu Nischen ausbuchten, ist der Mittelraum wiederum einem Quadrat angenähert. An sieben Seiten ist das zentrale Oktogon mit einem zweigeschossigen Umgang umgeben, der jeweils oben und unten mit zwei Säulen verstellt ist. Der Raum wird von der alles zur Einheit verbindenden Kuppel beherrscht. Der kuppelbekrönte Zentralraum war die herausragende baukünstlerische Leistung der Zeit Justinians, gipfelnd in der unvergleichlichen Hagia Sophia.
Für den karolingischen Hof viel unmittelbarer anschaulich war die zweite Kirche, die zu den Voraussetzungen der Aachener Pfalzkapelle gehört. »Kein anderer uns bekannter Bau steht so dicht bei Aachen wie San Vitale in Ravenna.«[50] San Vitale (S. 32 Mitte) ist ebenfalls zur Zeit Justinians von den Erzbischöfen der Stadt, die nach dem Ende der Ostgotenherrschaft zugleich die Statthalter des oströmischen Kaisers waren, unter Einfluß der Sergios- und Bacchoskirche erbaut worden. 547 wird diese Kirche geweiht. Schon ein Blick auf den Grundriß zeigt, daß San Vitale aber keineswegs eine Kopie der Kirche in Konstantinopel ist. Der von einer Kuppel beherrschte Zentralraum ist ein Oktogon, das an sieben Seiten durch gekurvte Nischen begrenzt wird. Um das Ganze legt sich ein achteckiger zweigeschossiger Umgang, der zum Mittelraum hin mit je zwei Säulen unten und oben verstellt ist. Ähnlich wie in der Sergios- und Bacchoskirche öffnet sich das oktogonale Zentrum zum Altarraum hin in einem großen, von Säulen freien Bogen, der die Zweigeschossigkeit unterbricht.
Ohne die Kenntnis von San Vitale in Ravenna ist die Aachener Pfalzkapelle nicht denkbar. Freilich ist nicht sicher, unter wel-

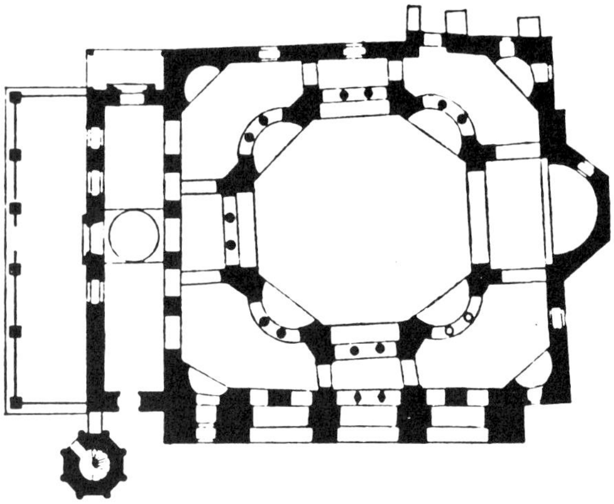

Sergios- und Bacchoskirche, Konstantinopel, 527—536, Grundriß

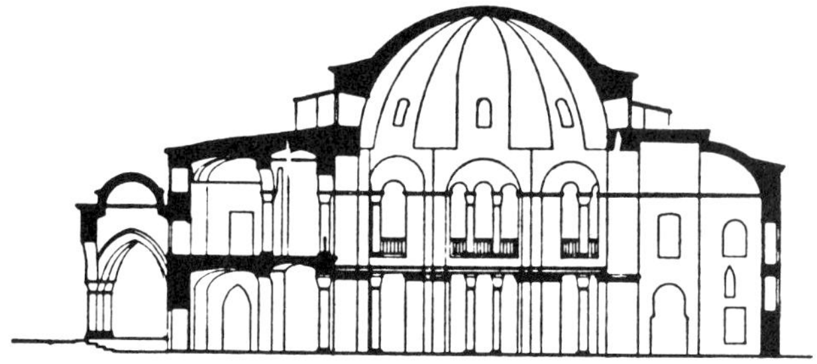

Sergios- und Bacchoskirche, Aufriß

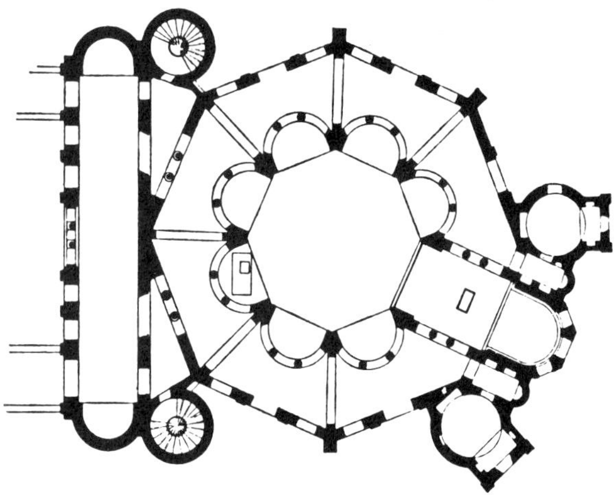

San Vitale, Ravenna, 547 geweiht, Grundriß

San Vitale, Aufriß

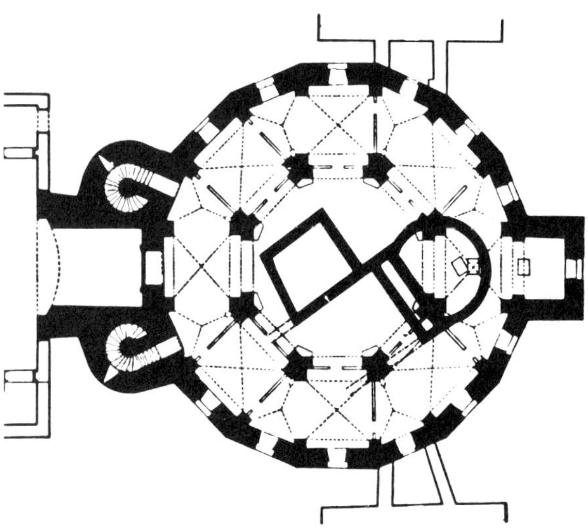

Pfalzkapelle, Aachen, Grundriß mit rekonstruiertem pippinischem Vorgängerbau

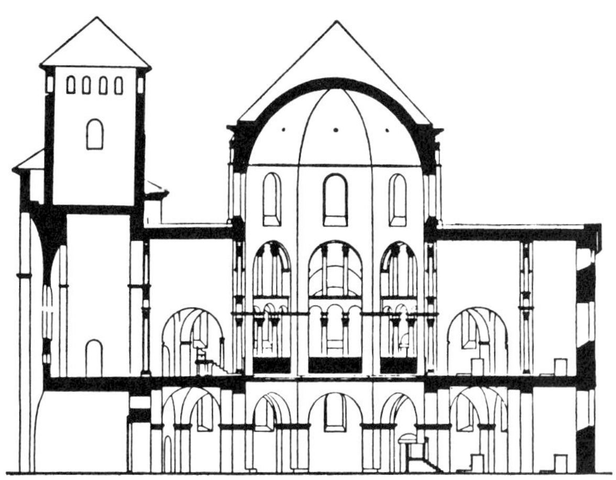

Pfalzkapelle, Aufriß

chem geschichtlichen Blickwinkel Karl bei seinen zwei Aufenthalten in Ravenna die Stadt und ihre Bauten gesehen hat. War sie für ihn in erster Linie die Hauptstadt weströmischer Kaiser oder die Repräsentantin byzantinischen Herrschertums? In San Vitale konnte er die eindrucksvollen Mosaikdarstellungen Kaiser Justinians und der Kaiserin Theodora mit ihrem Gefolge sehen. Oder hat Ravenna für den Frankenkönig vor allem als Stadt des Ostgotenkönigs Theoderich Bedeutung gehabt? Hat man San Vitale fälschlich für dessen Hofkirche gehalten? Theoderich war der erste Germanenfürst gewesen, der Italien und Rom beherrscht hatte. Karl hat ein Reiterstandbild des Theoderich nach Aachen bringen und in seiner Pfalz aufstellen lassen (seine Spur verliert sich nach dem Normannenüberfall). »Vielleicht ist es auch so, daß in Karls Bewußtsein die Herrschaft der weströmischen Kaiser, der Ostgoten und der Byzantiner in diesen Denkmälern zu einer Einheit wurde . . .«[51]
Wenn also der Typ der Herrscherkirche, wie er im byzantinischen Einflußgebiet ausgeprägt worden war — vor allem vermittelt durch San Vitale —, für den Aachener Bau übernommen worden ist, so kann die ravennatische Kirche doch nicht uneingeschränkt als Vorbild für die Pfalzkapelle Karls bezeichnet werden. Zu gravierend sind die Unterschiede. Hier kann ein genauerer Vergleich der beiden Kirchen nicht durchgeführt werden. Deshalb seien nur die auffälligsten »Neuheiten« des karolingischen Bauwerks stichwortartig aufgezählt, die es von San Vitale unterscheiden: Das Aachener Oktogon ist zu allen Seiten hin vollkommen geschlossen und öffnet sich nicht eigens zum Altarraum hin. Ein sechzehneckiger Umgang umfängt das Achteck. Der Chor ist doppelgeschossig. Der Umgang ist ausschließlich im Obergeschoß durch je vier Säulen vergittert. Die

Isometrischer Querschnitt durch das Aachener Oktogon mit Blick nach Westen (Veränderte Umzeichnung nach A. Haupt). Der obere Abschluß des Westbaus dürfte — anders als hier angenommen — turmartig gewesen sein

Säulen sind nicht nischenartig ausgebuchtet aufgestellt, sondern stehen in den Fluchtlinien der Oktogonseiten. Besonders charakteristisch ist die entschiedene Vertikalisierung des Ganzen. Die »Kuppel« ist achtteilig. Aachen besitzt einen ausgeprägten Westbau. San Vitale ist in seiner Gesamthaltung ein byzantinischer Bau; mit den Worten Beenkens: »Die ravennatische Kirche wäre auch in Konstantinopel denkbar, die Aachener dagegen einzig im Westen . . .«[52]

STATIK

Der statischen Sicherheit des im fränkischen Reich ja völlig ungewohnten Kuppelbaus ist vom Baumeister größte Aufmerksamkeit gewidmet worden. Die Fundamente der mächtigen Oktogonpfeiler sind über fünf Meter tief gegründet. Sie werden untereinander durch zwei Meter starke Mauern verbunden. »Dadurch wurde ein ungleiches Setzen der Pfeiler und des ganzen Oktogons fast unmöglich gemacht. Um außerdem ein Ausweichen der Pfeiler zu verhindern und die Fundamente noch mehr zu kräftigen, ist der unterirdische oktogonale Mauerkranz mit den Eckpfeilern des Sechzehnecks durch etwa 1,50 m breite Mauerzüge strahlenförmig verbunden. Diese Art der Konstruktion in den Fundamenten zeugt von klarem Verständnis des karolingischen Meisters für die Bautechnik.«[53]
Das achtteilige Klostergewölbe, wie die Aachener »Kuppel« genauer genannt werden müßte, ist an seiner dünnsten Stelle 86 cm dick. Wie werden die großen Schubkräfte einer solchen Last statisch bewältigt? Buchkremer hat gemeint — und ihm folgten die meisten Darstellungen —, die Schubkräfte der acht leicht gebusten Gewölbeteile sammelten sich auf den Eckpunkten des Tambours. Diese seien deshalb durch die am Außenbau deutlich sichtbaren 16 Pilaster verstärkt. Von dort würden die Kräfte über 16 Mauern, die — für das Auge des Besuchers unsichtbar — unter dem Dach des Sechzehnecks über den Gurtbögen des oberen Umgangs stehen, bis zu den Außenmauern des Umgangs abgeleitet. Eine solche Ableitung des Gewölbeschubs würde im Prinzip bereits das Strebepfeiler- und Strebebogensystem der Gotik vorweggenommen haben. Demgegenüber kam Dombaumeister Kreusch auf Grund eigener Bauuntersuchungen zu anderen Ergebnissen, und er erklärt die Statik entsprechend anders. Er fand die Busung der Gewölbekappen nicht bestätigt, und die 16 Stützmauern über den Gurtbögen des oberen Umgangs sind nicht über die Gewölbe hinaus fortgeführt, so daß die »Strebebogentheorie« hinfällig ist. Vielmehr durchziehen drei Ringanker aus Vierkantstahl das Tambourmauerwerk im Kämpferbereich der Kuppel wie ein Gürtel — eine für die damalige Zeit erstaunliche Konstruktion. »Die Kuppel bringt also nur senkrechte Lasten ihres Eigengewichts auf die Tambourmauern, die diese tragen können.«[54] Das gesamte karolingische Oktogon ist ein so fest gefügter Bau, daß er nicht nur die vergangenen 1200 Jahre unversehrt überstanden hat, sondern im 20. Jahrhundert auch noch zur statischen Sicherung

der gotischen Chorhalle beitragen konnte, die an ihm gleichsam festgebunden ist.

Die Kenntnis des Steinbaus allgemein, der statischen Notwendigkeiten, insbesondere der Wölbetechnik dürfte bei den Franken kaum vorhanden gewesen sein, so daß in Aachen vermutlich langobardische Fachleute tätig gewesen sind. Das Steinmaterial kam aus den verschiedensten Brüchen der näheren und ferneren Umgebung, wie am Außenbau zu sehen ist (S. 64). Das für den modernen Betrachter reizvolle Farbspiel der unterschiedlichen Steinsorten ist allerdings nicht beabsichtigt, denn die Außenwände waren mit einem rötlich getönten Putz versehen. »Wo immer man römische Quadern auffinden konnte, wurden sie bei dem großen Bau wiederverwendet. Die Mauern von Verdun sollen damals zugunsten der Aachener Bauten abgerissen worden sein.«[55]

NACHFOLGEBAUTEN

Daß Karls des Großen Pfalzkirche für zahlreiche spätere Bauten als Vorbild gedient hat, kann nicht überraschen, wenn man sich die Bedeutung des großen Karolingers auch für die folgenden Jahrhunderte klarmacht: »Der erste Kaiser des Mittelalters ist immer sein heimlicher Herrscher geblieben.«[56] Hier sei nur auf zwei besonders eindrucksvolle Beispiele hingewiesen. Um 1050 läßt die Äbtissin Theophanu — Urenkelin Ottos des Großen — in Essen für ihr Damenstift eine neue Kirche errichten, die sich teilweise in der heutigen Münsterkirche erhalten hat. Die drei Seiten des Essener Westabschlusses wiederholen nahezu exakt den Aufbau des 250 Jahre älteren Aachener Oktogons, freilich in verkleinertem, zierlicherem Maßstab, der »etwas von weiblicher Eleganz an sich hat«.[57] Wenn der König das wichtige Reichsstift besuchte, konnte er in der Westempore Platz nehmen und sich dort fühlen wie in Aachen.

Das zweite Beispiel eines erhaltenen Bauwerks, das seine Abhängigkeit von Aachen deutlich bezeugt, ist die ab 1030 gebaute Kirche der Benediktinerinnen in Ottmarsheim im Elsaß. Ein wie in Aachen konsequent allseits geschlossenes Oktogon — allerdings achtseitig auch im Umgang — zeigt die charakteristischen schweren Bogenstellungen im Untergeschoß, das kräftige Horizontalgesims darüber und die hohen Bögen mit den vier eingestellten Säulen. Diese Säulen wollen jedoch nicht mit Aachen konkurrieren. Im Unterschied zu den hochadligen Stiftsdamen von Essen, deren Äbtissinnen nicht selten aus dem

Essen, Westchor des Münsters. 1040—1058

Ottmarsheim im Elsaß, ehemalige Nonnenstiftskirche. Um 1035

ottonischen Kaiserhaus stammten, verzichten die Nonnen von Ottmarsheim auf den antiken Bezug. Diese Säulen zeigen die schlichten Würfelkapitelle der frühen Romanik. Auch finden sich hier nicht die Pilaster am äußeren Tambour wie in Aachen und Essen. In ihrer heutigen radikal restaurierten Gestalt — ohne den ursprünglich vorhandenen Putz — kommt die reine Architektur des oktogonalen Emporenbaus zu eindrücklicher Wirkung. So kann das Erlebnis des schmucklosen Oktogons von Ottmarsheim dem Besucher des Aachener Domes bei dem Versuch helfen, sich in seiner Phantasie die Kirche des ersten mittelalterlichen Kaisers, Karls des Großen, ohne die Zutaten des letzten deutschen Kaisers, Wilhelms II., vorzustellen (S. 20).

WANDEL DER FRÖMMIGKEITSFORMEN, RELIQUIENVEREHRUNG

Gute 550 Jahre hatte der karolingische Bau im wesentlichen unverändert bestanden, als ihm in den Jahren 1355—1414 die Chorhalle hinzugefügt wurde. Wie kam es zu diesem ebenso ungeheuerlichen wie großartigen Eingriff?
Die Zeit der Gotik hatte neben anderen tiefgreifenden Veränderungen auch einen Wandel in den Frömmigkeitsformen bewirkt. In Aachen läßt sich dieser Wandel besonders gut an der Entwicklung der Reliquienverehrung beobachten. Der Reliquienkult bei den germanischen Völkern ist so alt wie ihr Christentum. Von Anfang an war die ehrfürchtige und verehrende Aufbewahrung der irdischen Überreste der Heiligen ein Unterpfand ihrer Fürbitte bei Gott. Für mittelalterliches Denken gab es nichts Wichtigeres. Da zunächst »geistlich« und »weltlich«, Kirche und Staat aufs engste miteinander verschmolzene Begriffe waren, deren für uns selbstverständliche Trennung noch nicht einmal gedanklich vollzogen wurde, war der Besitz von möglichst bedeutenden Reliquien auch ein elementares Anliegen der Herrscher. Daß Reliquien »Reichsangelegenheit«[58] waren, zeigen unter anderem die zahlreichen Reliquien unter den Reichskleinodien, die sich heute in Wien befinden. Ein weiteres Beispiel ist der Welfenschatz in Berlin. Von allerhöchstem Rang waren natürlich die sogenannten Herrenreliquien, das heißt Überbleibsel, die in direkter Beziehung zum irdischen Leben Christi standen, allen voran Späne vom Kreuz, die Dornenkrone, der nahtlose Rock und ähnliche in der Bibel erwähnte Gegenstände. Die Frage der Echtheit der Reliquien war dem Mittelalter viel weniger wichtig als modernem Denken. Getreu dem Wort des hl. Augustinus, wichtig sei es, über die Bedeutung eines Gegenstandes nachzudenken, nicht über seine Verbürgtheit, stand die Zeichenhaftigkeit der Reliquien, ihr Hinweischarakter im Vordergrund; mit Recht, denn für den Glauben ist die Frage der Authentizität dieser Gegenstände nicht von Belang.

Rogier van der Weyden, Anbetung der Könige (Ausschnitt), um 1460. München, Alte Pinakothek

DIE GROSSEN AACHENER HEILIGTÜMER

Selbstverständlich hatte auch Karl der Große seine Pfalzkirche mit Reliquien ausgestattet, und seinem Rang und Anspruch gemäß mußten es hochbedeutende Stücke sein. Mit der Zeit kristallisierten sich vier Tücher als die »großen Aachener Heiligtümer« heraus; sie lassen sich einwandfrei bis auf Karl den Großen zurückführen, sind aber mit Sicherheit älter. Es ist bekannt, daß fränkische Gesandte aus Jerusalem, Konstantinopel und Rom Reliquien mitbrachten. Diese vier großen Heiligtümer sind: das Kleid der Muttergottes (S. 75), das sie bei der Geburt des Jesuskindes trug; die Windeln Jesu; das Enthauptungstuch Johannes des Täufers, auf das sein Leib nach der Hinrichtung gelegt wurde; das Lendentuch Christi, mit dem er am Kreuz bekleidet war. Gemeinsam ist diesen Reliquien der Hinweis auf Geburt und Tod, auf Anfang und Ende. Die Herrenreliquien — Windeln und Lendentuch — rufen sehr eindrücklich die zentrale Glaubensaussage ins Bewußtsein, daß Gottes Sohn »Fleisch«

geworden ist. Das Christentum versteht die Menschwerdung nicht als einen unverbindlichen Besuch Gottes auf der Erde, wie ihn die Griechen etwa in der Philemon-und-Baucis-Erzählung von ihren Göttern berichten. Vielmehr wird die Geburt des Gottessohnes als konkretes historisches Ereignis verstanden. Gott wurde »wahrer Mensch«; er brauchte all das, was jeder Säugling braucht, z. B. Windeln.
Rogier van der Weyden hat in seiner berühmten »Anbetung der Könige« (S. 35) in der Alten Pinakothek in München an die Wand des Stalles von Bethlehem den Gekreuzigten über dem Neugeborenen gemalt. Damit stellt der mittelalterliche Künstler ähnlich wie die Aachener Heiligtümer eine Beziehung her zwischen Weihnachten und Karfreitag — eine Anregung zur Meditation über das Geheimnis der Erlösung.
Schließlich ist es vielleicht kein Zufall, daß diese Tücher eine Art »Deesis« bilden; in dieser uralten Darstellungsform treten stets Maria als die Vertreterin des neuen Bundes und Johannes der Täufer als Vertreter des Alten Bundes fürbittend bei dem zum Jüngsten Gericht wiederkehrenden Christus auf.

HEILIGTUMSFAHRTEN

Bedeutende Reliquien zogen Pilger an; das ist auch in Aachen von Anfang an der Fall gewesen. Dazu kam die Verehrung für den inzwischen heiliggesprochenen Karl den Großen. Die Zeit der Gotik brachte aber ein starkes Anwachsen der Pilgerscharen, das in Aachen zu erheblichen Veränderungen führte. In romanischer Zeit waren Reliquien in Behältern und Schreinen verschlossen aufbewahrt worden, den Augen der Gläubigen gänzlich verborgen. So gibt zum Beispiel der romanische Karlsschrein keine Möglichkeit, die Gebeine des Kaisers zu sehen.

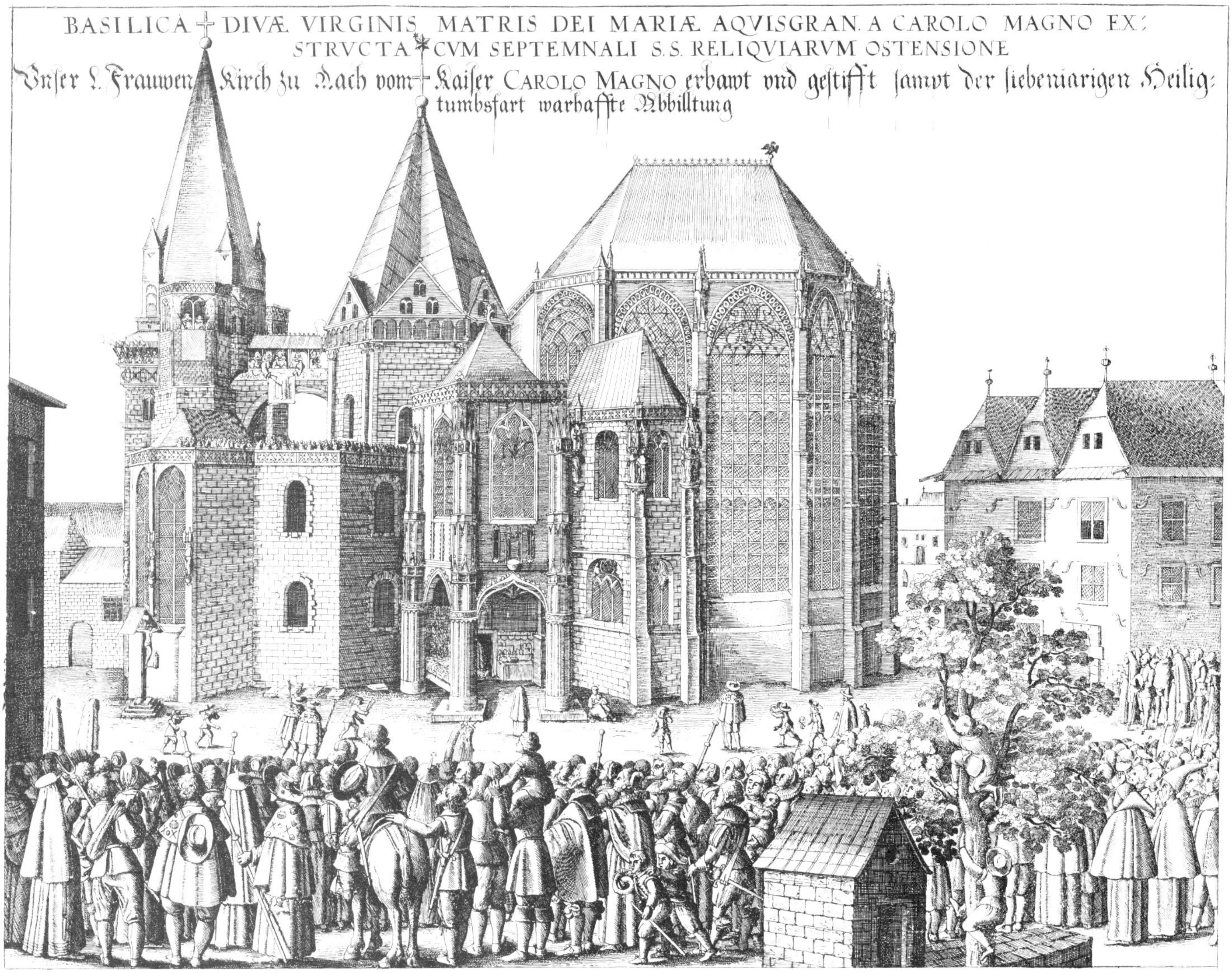

Zeigung der Heiligtümer (Stich von A. Hogenberg 1632). Der Aachener Dom in gotischer Zeit: spitzer Helm über dem Oktogon; links die Ungarnkapelle in ursprünglicher Gestalt; die Annakapelle im Untergeschoß mit offenen Arkaden; Chorhalle mit sechsbahnigen Fenstern. Auch auf den Dachflächen des Sechzehnecks befinden sich Zuschauer

Die Gotik bewirkte nun wie gesagt einen entscheidenden Wandel in den Frömmigkeitsformen. Die Gläubigen wollten jetzt die so hoch verehrten Reliquien auch sehen. Die Kirche hielt zwar zunächst noch an dem Verbot einer unverhüllten Reliquienzeigung fest, aber bald setzte sich das neue Schaubedürfnis durch. Bergkristall und Glas machten die Reliquiare jetzt durchsichtig. In der Domschatzkammer läßt sich diese Entwicklung an zahlreichen Beispielen beobachten. Bei der Meßfeier kam die liturgische Neuerung auf, Hostie und Kelch nach der Wandlung hochzuheben, um sie den Gläubigen zu zeigen. Seit dieser Zeit gibt es Monstranzen, um die geweihte Hostie zur Verehrung sichtbar ausstellen zu können. Auch die in der Mitte des 13. Jahrhunderts eingeführten Fronleichnamsprozessionen haben etwas mit diesem neuen Zeigen und Sehen zu tun. In Aachen ist die erste Fronleichnamsprozession 1319 bezeugt. 1312 ist zum erstenmal eine Zeigung der Aachener Heiligtümer urkundlich beglaubigt. Zehn Jahre später ist die Zeigung der großen Reliquien vom Turm des Domes aus belegt. Wahrlich ein tiefgreifender Wandel: Aus der Verborgenheit romanischer Krypten steigen die Reliquien auf die offenen Galerien der gotischen Türme. Das 14. Jahrhundert schuf nun auch die baulichen Voraussetzungen für die neue Form der Reliquienverehrung. Der Turm über dem karolingischen Westbau wurde gotisch verändert; er erhielt eine Galerie und über den beiden Wendeltreppentürmen kleine Kapellen als Heiligtumskammern. Allmählich bildete sich ein Siebenjahresturnus für die feierliche Zeigung der großen Heiligtümer heraus. Seit 1349 liegt dieser Rhythmus fest; er gilt bis auf den heutigen Tag. Die Aachenfahrt machte im 14. und 15. Jahrhundert die Kirche Karls des Großen zu einer der meistbesuchten Pilgerstätten der Christenheit, übertroffen nur von Santiago de Compostela, Rom und Jerusalem.[59] Sichtbares Zeichen dieses internationalen Pilgerstromes — vornehmlich aus Osteuropa — ist die Ungarische Kapelle des Domes, die 1367 von Ludwig I., König von Ungarn und Polen, gestiftet worden ist. In der gleichen Zeit werden ein Wenzelaltar für die Pilger aus Böhmen und ein Slawonieraltar errichtet. Zu diesen Stiftungen gehören Geistliche, die die Muttersprache der fremden Pilger beherrschen müssen, um predigen und Beichte hören zu können. Die gotische Ungarnkapelle ist nach 1756 durch einen spätbarocken Neubau des Italieners J. Moretti ersetzt worden.

Die Zeigung von 1349 ist aus mehreren Gründen bedeutsam. Europa war von der Pest heimgesucht, dem »verheerendsten Ereignis der überlieferten Geschichte«.[60] Das große Sterben raffte in den Jahren 1348—1352 etwa ein Drittel der Bevölkerung dahin. Man hat die Zahl der Toten auf ungefähr zwanzig Millionen geschätzt. In dieser unvorstellbaren Not strömten große Menschenmassen in Aachen zusammen, um die Hilfe des Himmels gegen den Schwarzen Tod herabzuflehen. Karl IV. mußte seine Königskrönung in Aachen, die zur gleichen Zeit wie die Heiligtumsfahrt geplant war, aufschieben, weil die Stadt und ihre Zufahrtswege hoffnungslos überfüllt waren. Vielleicht sind es die Erfahrungen dieses Pilgerandrangs im Jahre 1349 gewesen, die die Stiftsgeistlichkeit 1355 den Entschluß fassen ließen, den kleinen rechteckigen Altarraum der karolingischen

Das für den Bau der Chorhalle aufgerissene Oktogon. Punktiert die viereckige karolingische Apsis und der gotische Chor. (Zeichnung: Buchkremer)

Kirche abzutragen und statt dessen eine große Halle als neuen Chor zu bauen — ein außergewöhnlich kühner Entschluß. Sicherlich hatte die Enge im Altarbereich nicht nur bei der Zeigung der Heiligtümer gestört, sondern auch die Entfaltung der aufwendigen Krönungsfeierlichkeiten behindert. So wurde die durch die Karlstradition und sein Grab ausgezeichnete Pfalzkapelle, die ehrwürdige Krönungskirche des Reiches, im östlichen Teil buchstäblich aufgebrochen, um ihr einen Erweiterungsbau anzufügen, der in jeder Beziehung andersartig und gegensätzlich ist.

CHORHALLE

Betrachten wir die Chorhalle (S. 95). Aus dem schmucklosen Mauersockel steigen die Pfeiler ohne jede Unterbrechung aufwärts, kein Kapitell unterbricht die parallelen Vertikalen der gebündelten Dienste. In diesem Raum, der zweieinhalbmal so hoch wie breit ist (32,3 m hoch, 13,2 m breit) reißen alle optischen Linien in die Höhe: »Sursum corda«, »Empor die Herzen!« Sie sammeln sich in den Schlußsteinen, besonders ein-

drucksvoll in dem zeltartigen Gewölbe des Chorhauptes, dessen Schlußstein den auferstandenen Christus zeigt. Die Pfeiler beschränken sich auf das unumgängliche Minimum an Steinsubstanz; zwischen ihnen gibt es nicht den geringsten Maueransatz mehr, aller Platz gehört dem bevorzugten »Baumaterial« der Gotik: dem Glas. 27 Meter hohe Fenster mit mehr als 1000 m^2 Fläche — wirklich ein Glashaus, wie die Chorhalle schon früh genannt wird. In dieser Musik aus farbigem Licht wirken die Pfeiler wie rhythmische Pausen. Die großen Fenster waren ursprünglich sechs- (S. 36) und nicht nur fünfbahnig, so daß die Vertikaltendenz womöglich noch klarer betont war.
In einem gotischen Kirchenraum wird es trotz der vielen Fenster nie ganz hell. Die Scheiben lassen nicht das natürliche Tageslicht hereinfluten, vielmehr scheinen die bunten Gläser selbst die Lichtquelle zu sein. Ein mystisches, übernatürliches Licht erfüllt den Raum, von dem Pierre de Roissy, der um 1200 in Chartres lehrte, sagt, es beleuchte nicht nur, sondern erleuchte[61]. Die Glaswände begrenzen den gotischen Raum zwar, entgrenzen ihn andererseits aber zugleich, indem sie alles Wandhafte entmaterialisieren und durchscheinend machen für eine transzendente, übersinnliche Wirklichkeit: »Ecclesia materialis significat ecclesiam spiritualem« — »Die gebaute Kirche weist hin auf die geistige Kirche«. So erscheinen in den Kirchenfenstern die Engel und Heiligen. Die ganze Gemeinschaft der Heiligen ist beim Gottesdienst geheimnisvoll anwesend in einem Raum, der nicht von dieser Welt zu sein scheint. Wie jede mittelalterliche Kirche ist auch die Chorhalle ein Abbild des himmlischen Jerusalem, wie es die Geheime Offenbarung beschreibt. Dieser Text ist schon zum Verständnis des karolingischen Oktogons und seiner Maßverhältnisse herangezogen worden; die Gotik entdeckt wieder neue Seiten an der Vision des Johannes. Wenn es da heißt, daß die Himmelsstadt »die Lichtfülle Gottes« spiegelt, daß ihr Glanz »dem eines Edelsteins« gleiche und anschließend zwölf verschiedenfarbige Edelsteine aufgezählt werden, um die Herrlichkeit des neuen Sion zu beschreiben — »durchsichtig wie Kristall« —, dann ist die Beziehung zum gotischen Lichtraum offenkundig.
Leider sind in Aachen die originalen mittelalterlichen Glasfenster nicht mehr zu sehen; sie sind bereits im 18. Jahrhundert ersetzt worden, als man taghelles, »aufgeklärtes« Licht bevorzugte. Die Neuverglasung nach dem letzten Krieg versucht in Farbe und Helligkeit der Scheiben etwas von der Atmosphäre gotischer Lichträume einzufangen. Die Gestaltung der neun schmalen Fenster des Chorschlusses wurde Walther Benner übertragen. Themen der Heilsgeschichte im mittleren Fenster werden auf beiden Seiten begleitet von Heiligen aus der Umgebung Aachens, z. B. Servatius (Maastricht), Gertrud (Nivelles), Hermann Josef (Steinfeld), Foillan (Aachen) und anderen. Aber auch Kaiser aus der Geschichte des Reiches wie Heinrich II. und Otto III., die mit dem Dom besonders verbunden sind, oder Gestalten aus Wissenschaft und Kunst wie Vergil, Alcuin, Einhard, Dante oder Orlando di Lasso — sie alle gehören zu dieser weitherzigen Communio sanctorum. Benners Glasmalerei zeigt Figuren in »strenger archaischer Stilisierung«, die »den Menschen weit geöffnet dem Absoluten gegenüberstellen. Daß es für eine solche Kunst Anknüpfungspunkte gibt in früheren Epochen — wen wundert das?«[62] Die vier Fenster im vorderen Teil des Chores (S. 96, 97) stammen von Anton Wendling. Ihr abstraktes Ornament entwickelt sich aus einer einzigen Grundform. »Hier tritt das Ornament nicht auf als Füllsel wenig bedeutsamer Flächen, sondern als ein gestaltendes Element, das in Farbe und Rhythmus lebt und ein nicht mehr in Bild und Wort zu kleidendes Geheimnis Gottes umschreibt. Die vier großen Fenster werden dann wie die riesigen Vorhänge im Zelt des Allerheiligsten . . .«[63] Seit 1981 sind auch die beiden westlichsten Fenster (erkennbar S. 10) erneut verglast, und so ist die Chorhalle wirklich wieder auf allen Seiten ein »Glashaus«. Diese beiden Fenster waren seit dem 18. Jahrhundert zugemauert (S. 61) gewesen. Die neuen Fenster schuf Wilhelm Buschulte in zurückhaltenden Grautönen; das Maßwerk entwarf Dombaumeister Hugot.

SKULPTURENSCHMUCK

An den 14 Pfeilern der Chorhalle stehen die Plastiken der zwölf Apostel, an ihrer Spitze Karl der Große mit dem Münstermodell und die Gottesmutter mit dem Jesuskind auf dem Arm. Die überlebensgroßen Kalksteinfiguren sind im Jahr 1430 aufgestellt worden. Im 19. Jahrhundert wurden sie teilweise ergänzt und farblich neu gefaßt. Reizvoll sind die Konsolen (S. 98, 99): Singende und musizierende Engel geben ein Konzert, »so daß sich das ›Glashaus‹ von Aachen über einer Sphäre himmlischer Musik erhebt«.[64] Hier können mittelalterliche Musikinstrumente wie Drehleier, Triangel, Doppeloboe, Kleingeige und andere studiert werden. Dieses Figurenprogramm und seine Anordnung im Raum sind wiederum vom Text der Apokalypse inspiriert: »Die Mauer ruhte auf zwölf Grundpfeilern, die zwölf Namen trugen: die Namen der zwölf Apostel des Christus.« Hier sind aus den bloßen Namen die lebensgroßen »anschaulichen« Apostelgestalten selbst geworden, die nun sichtbar die Säulen der Kirche darstellen. Die Flügel der Engel an den Konsolen befinden sich an der Stelle, wo die Schräge der Fensterbänke ansetzt, so daß die schwerelosen Lichtvorhänge der Fenster wie von ihnen gehalten erscheinen. Johannes hatte die heilige Stadt Jerusalem ja vom Himmel »niederschweben« sehen. Die vier Wendling-Fenster vergegenwärtigen auf ihre Weise dieses Niederschweben: Unnachahmlich rieselt das Licht im Farbglanz des Ornaments herab.

VORBILD SAINTE-CHAPELLE

Idee und Gestalt der Aachener Chorhalle sind angeregt durch die Sainte-Chapelle in Paris, die Hofkapelle des ehemaligen französischen Königspalastes. Ludwig der Heilige hatte sie 1243—1248 erbauen lassen, nachdem er 1239 die Dornenkrone

Paris, Sainte-Chapelle, Oberkirche. 1248 vollendet

EINFLUSS KARLS IV.

Es ist vorstellbar, daß Karl IV. aus dem Geschlecht der Luxemburger, der leidenschaftliche Reliquiensammler, der begeisterte Verehrer Karls des Großen, selbst an dem so folgenschweren Entschluß beteiligt war, die gotische Chorhalle dem karolingischen Oktogon anzufügen. Wie erwähnt war Karl 1349 anläßlich seiner Krönung im unmittelbaren Anschluß an die dramatische Heiligtumsfahrt dieses Jahres in Aachen gewesen. Als junger Prinz hatte er sieben Jahre lang am französischen Königshof gelebt; dort hatte er am Gottesdienst der königlichen Familie in der Sainte-Chapelle teilgenommen. Wie sehr ihn dieser Bau beeindruckt hat, zeigt die Tatsache, daß er vierzig Jahre später Peter Parler den Auftrag gibt, die Allerheiligenkapelle der Burg in

Christi aus Konstantinopel erworben hatte. Er zahlte den damals ungeheuerlichen Preis von 135.000 Livres, um in den Besitz dieser Herrenreliquie zu gelangen. Für den Schrein, in dem dieses Heiligtum aufbewahrt wurde — die Französische Revolution ließ ihn einschmelzen —, wurden 100.000 Livres ausgegeben. Die Kosten für den Bau der Kapelle, die die Reliquie aufnehmen sollte und die uns heute als ein Juwel gotischer Architektur erscheint, betrugen dagegen »nur« 40.000 Livres, also weniger als ein Drittel gegenüber der Reliquie.[65] Vielleicht zeigen solche Zahlen und vor allem ihre Relation untereinander einem heutigen Menschen noch am ehesten, wie andersartig die Wertvorstellungen mittelalterlicher Menschen waren, deren Kunstwerke wir bewundern. Diese im Abendland hochberühmte Kirche war als ein gläserner Schrein um das verehrte Heiligtum konzipiert, ein einschiffiger Raum, zwischen dessen dünne Pfeiler die hohen und weiten Glaswände gespannt sind — nur noch schwerelose Leichtigkeit und glühende Farbe. Hier finden sich auch zum erstenmal die Figuren der Apostel vollplastisch an den Pfeilern.

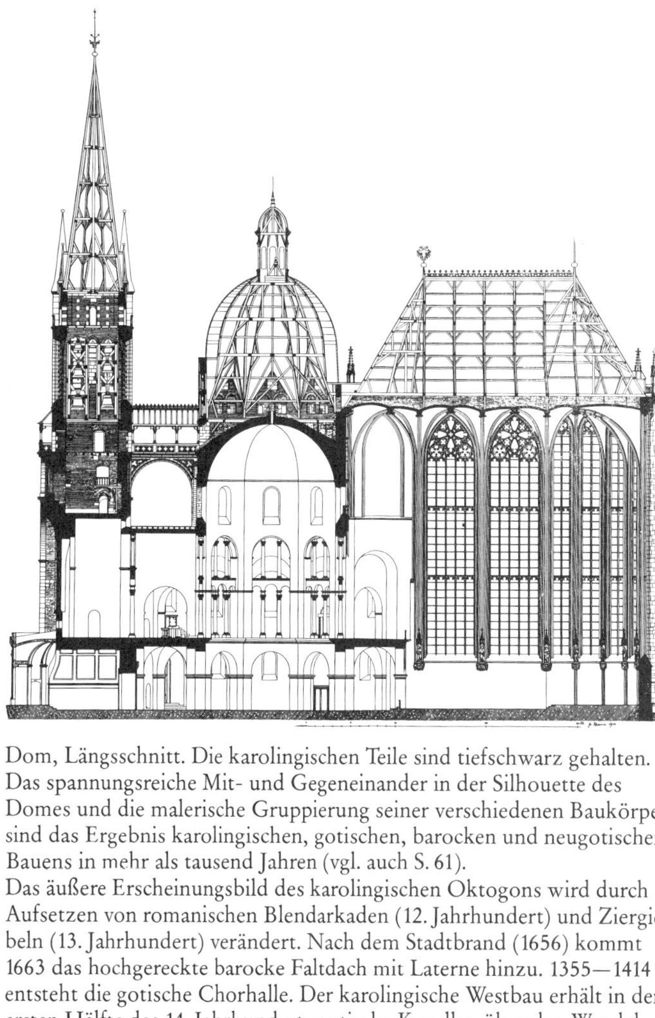

Dom, Längsschnitt. Die karolingischen Teile sind tiefschwarz gehalten. Das spannungsreiche Mit- und Gegeneinander in der Silhouette des Domes und die malerische Gruppierung seiner verschiedenen Baukörper sind das Ergebnis karolingischen, gotischen, barocken und neugotischen Bauens in mehr als tausend Jahren (vgl. auch S. 61).
Das äußere Erscheinungsbild des karolingischen Oktogons wird durch Aufsetzen von romanischen Blendarkaden (12. Jahrhundert) und Ziergiebeln (13. Jahrhundert) verändert. Nach dem Stadtbrand (1656) kommt 1663 das hochgereckte barocke Faltdach mit Laterne hinzu. 1355—1414 entsteht die gotische Chorhalle. Der karolingische Westbau erhält in der ersten Hälfte des 14. Jahrhunderts gotische Kapellen über den Wendeltreppentürmen und eine Galerie zur Zeigung der Heiligtümer. 1879—1884 wird von A. Schneider der heutige Turm (ca. 74 m hoch) errichtet; es ist bereits die vierte Form des Westbaus (die zweite vgl. Abb. S. 36). Die Verbindungsbrücke zum Oktogon ist auf dem »Widmungsrelief« vom Dach des Karlsschreins (um 1215 vollendet; vgl. Abb. S. 44) zu erkennen; sie ist also spätestens staufisch. Blendarkaden und Ziergiebel des Oktogons, Verbindungsbrücke, alle Bauteile über dem karolingischen Westbau sind im letzten Drittel des 19. Jahrhunderts durchgreifend erneuert worden.

Prag nach dem Vorbild der Pariser Sainte-Chapelle zu bauen. Karl IV. ist einer der größten Förderer Aachens gewesen, er hat oft in der Stadt seines gleichnamigen Vorgängers geweilt; auf den Namen Wenzel war er als böhmischer Königssohn getauft worden, seit seiner Firmung nannte er sich nach Karl dem Großen. Er hat wahrscheinlich die Krone, mit der er in Aachen zum deutschen König gekrönt worden ist, dem Dom geschenkt. Für diese Krone ist dann die berühmte Karlsbüste (S. 123) angefertigt worden. Karl IV. hat dem Stiftskapitel vorgeworfen, es vernachlässige das Andenken seines Stifters — vielleicht zugunsten der Marienverehrung und der Heiligtumsfahrten —, und er hat auf der jährlichen Feier des Karlsfestes bestanden. Er hat dem Dom den Wenzelaltar gestiftet, dessen Altarbild im Domschatz erhalten ist. Und schließlich hat Karl IV. in seinem berühmtesten Gesetz, der Goldenen Bulle von 1356, festgelegt, daß der Ort für die rechtmäßige Krönung des deutschen Königs Aachen ist.

AUFGABEN DER CHORHALLE

Die Chorhalle hatte mehrere Aufgaben zu erfüllen: Sie sollte Aufbewahrungsort der großen Aachener Heiligtümer sein, sie sollte das Mausoleum Karls des Großen sein, sie sollte Platz für die Königskrönungen bieten. Die Heiligtümer wurden und werden im Marienschrein (S. 124) aufbewahrt, der heute in der Schatzkammer steht, früher aber erhöht hinter dem Marienaltar aufgestellt war. Dieser Marienaltar stand als Hauptaltar des Domes unmittelbar hinter dem Umgang im vorderen Teil der Chorhalle. Hier fanden seit der Fertigstellung des neuen Chores auch die Königskrönungen statt. Die Gebeine Karls des Großen waren 1165 anläßlich seiner Heiligsprechung aus dem Grab — also wohl dem Proserpinasarkophag — genommen und in einem Holzschrein verwahrt worden, bis sie 1215 in den inzwischen fertiggestellten Karlsschrein übertragen wurden. Der Karlsschrein wurde im östlichsten Teil des Chores aufgestellt, wo bis heute sein Platz ist. Der Raum breitet sich hier kapellenartig aus, um höchst ungewöhnlich mit neun Seiten eines Vierzehnecks zu schließen. Der Glasschrein des Bauwerks umfängt den Goldschrein des Kaisers: ». . . die großartigste Grabanlage, die je ein Kaiser gefunden hat«.[66]

HEILIGSPRECHUNG KARLS DES GROSSEN

Bevor der Karlsschrein selbst beschrieben wird, muß in einem kleinen Exkurs die Heiligsprechung Karls des Großen in ihren geschichtlichen Zusammenhang eingeordnet werden. Danach lassen sich auch einige Besonderheiten in der Ausgestaltung der Chorhalle besser verstehen. Karl der Große war seiner persönlichen Lebensführung nach nicht unbedingt ein Heiliger; insofern kann er mit einem hl. Franziskus oder einer hl. Elisabeth nicht verglichen werden. Die Heiligsprechung Karls ist vielmehr nur geschichtlich auf dem Hintergrund staufischen Reichsverständnisses zu erklären.

Der Investiturstreit in den Jahrzehnten um 1100, der »Kampf zwischen Kaiser und Papst um die rechte Ordnung der Welt«[67], hatte die alte Einheit von Kirche und Reich, das Mit- und Ineinander von geistlicher und weltlicher Gewalt zerbrechen lassen. Kaiser waren vom Papst aus der Gemeinschaft der Gläubigen verbannt, Päpste vom Kaiser für abgesetzt erklärt worden, die Kirche war jahrelang durch das Schisma zerrissen. Eine der wesentlichsten Auswirkungen dieser jahrzehntelangen erbitterten Auseinandersetzungen bestand darin, daß »die jahrhundertealte sakrale Begründung von König- und Kaisertum im Bewußtsein der Zeitgenossen erschüttert«[68] war. So ist es nur folgerichtig, daß ein so selbstbewußter Herrscher wie Friedrich Barbarossa schon im ersten Schreiben an den Papst, in dem er ihm seine Wahl und die Krönung in Aachen anzeigt, hervorhebt, daß ihm das Reich von Gott überantwortet sei und mit Gottes Hilfe diesem Reich seine alte Kraft und sein Vorrang wiedergegeben werden sollten. Die von einigen seiner Vorgänger geäußerte Bitte um Approbation der Königswahl durch den Papst findet sich in Barbarossas Schreiben nicht. Fünf Jahre später kommt es 1157 auf dem Reichstag zu Besançon zum Zusammenprall zwischen den unterschiedlichen Auffassungen der Herrschaftslegitimation. Der päpstliche Legat stellt vor Kaiser und Fürsten die provozierende Frage: »Von wem hat der Kaiser das Kaisertum, wenn nicht vom Herrn Papst?« Diesem päpstlichen Anspruch gegenüber sucht Barbarossa die alte Vorstellung der Gottunmittelbarkeit des König- und Kaisertums wieder neu zu verankern. Im selben Jahr 1157 beginnt die kaiserliche Kanzlei vom »sacrum« imperium, vom »heiligen« Reich zu sprechen. Rainald von Dassel, Kanzler des Reiches und Erzbischof von Köln, holt nach der Niederlage Mailands von dort die Gebeine der Heiligen Drei Könige im Jahre 1164 in seine Bischofsstadt. Damit gewinnt er Heiligtümer — oder besser Heiltümer —, »durch deren Verehrung gerade Könige Teilhabe an von Christus selbst gesegneter Macht erwarteten«.[69] Als Gottes Sohn Mensch geworden war, sind nach den Hirten Könige die ersten, die dem Christuskind ihre Aufwartung machen — aus den Sterndeutern der Bibel waren schon früh Könige geworden. Kein Apostel, auch nicht Petrus, der Vorgänger der Päpste, war damals zugegen, wohl aber die Könige, vom Stern geführt. Und das Jesuskind hatte die Gaben dieser Könige wohlgefällig angenommen; dadurch war ihr Amt von Gott selbst legitimiert. Es bedurfte keiner Vermittlung durch kirchliche Institutionen. Ganz im Sinne dieser Argumentation läßt sich der Welfe Otto IV. an der Stirnseite des Kölner Dreikönigenschreins als vierter König hinter den drei heiligen Königen darstellen, etwas kleiner und ohne Krone, aber doch unübersehbar zugehörig und in einer Reihe mit ihnen. Es wird üblich, daß ein neuer König nach seiner Krönung in Aachen — dabei wurden die liturgischen Texte des Dreikönigsfestes benutzt — nach Köln zieht und dort die Hilfe der besonderen Schutzheiligen der Könige erbittet.

Stirnseite des Dreikönigenschreins, um 1198—1206, Köln. Otto IV. zusammen mit den Heiligen Drei Königen vor Maria und dem Jesuskind

In den Zusammenhang dieser Versuche, die Heiligkeit des Reiches und die Gottunmittelbarkeit der kaiserlichen Macht gegenüber der gegenteiligen Tendenz der Kurie wieder deutlich zu machen, gehört auch die Heiligsprechung Karls des Großen durch Barbarossa. Konnte sich der Papst als der Hüter der Apostelgräber und Nachfolger des hl. Petrus immer auf eine durch nichts zu erschütternde Instanz berufen, so sollte dem eine ebenso unbezweifelbare Autorität entgegengesetzt werden. Dazu kam nur Karl der Große in Frage. Weihnachten 1165 findet in Aachen ein großer Reichstag statt; die Gebeine Karls werden erhoben, und seine Heiligkeit wird verkündet. In der Urkunde, die dieses Ereignis festhält, beruft sich Barbarossa auf die Zustimmung des Papstes Paschalis III., den er allerdings selbst als Gegenpapst eingesetzt hatte, und preist Karl als einen wahren Apostel, der den Glauben bei heidnischen Völkern wie Sachsen und Friesen ausgebreitet habe. Seine Bereitschaft, in allen Kämpfen und Leiden das Leben für den wahren Glauben hinzugeben, mache ihn zu einem Märtyrer. Diese Kanonisation war also eine Demonstration in Richtung Rom; sie setzte aber auch ein Zeichen in Richtung Paris, wo den französischen Königen bedeutet werden sollte, daß einzig die deutschen Könige und Kaiser die wahren Nachfolger des heiligen Kaisers seien. Als Barbarossa zwölf Jahre später mit dem rechtmäßigen Papst, Alexander III., zu einem Ausgleich kam und die strittigen Fragen geregelt wurden, hat Rom die Heiligsprechung Karls offenbar stillschweigend hingenommen; jedenfalls wurde in Zukunft seine Verehrung zwar nicht für die Gesamtkirche übernommen, aber an einigen Orten, darunter natürlich in Aachen, toleriert. Ähnlich hat sich in Köln ein Kult um die Könige als Heilige entwickelt, der »kirchlicherseits geduldet wurde, ohne jedoch allgemeinkirchlich anerkannt zu werden«.[70] Allerdings sorgt der Papst wenig später auf dem dritten Laterankonzil 1179 dafür, daß Heiligsprechungen in Zukunft nur dem Heiligen Stuhl vorbehalten bleiben. In Aachen wird das kirchliche Fest des heiligen Kaisers jedes Jahr am 28. Januar (bzw. an dem voraufgehenden oder nachfolgenden Sonntag, der diesem Datum am nächsten liegt) feierlich begangen.

Karlsschrein, Aachen, Chorhalle, 1215 vollendet

KARLSSCHREIN

In staufischer Zeit sind im Zeitraum zwischen 1150 und 1250 vornehmlich an Rhein und Maas zahlreiche aufwendige Reliquiare in Hausform entstanden. Ihre Säulenarkaden, Sockel, Giebelseiten, Dachflächen, Zierkämme und Knäufe sind verschwenderisch geschmückt mit Edelsteinen, Perlen, Email, Braunfirnis und Filigran. Diese kleinen Kathedralen erstrahlen im Glanz des Goldes, das in Wahrheit der Glanz Gottes ist. »Was in Gold erstrahlt, hat teil an Gott. Die Abstraktion, die die Verwendung des Goldes als Farbe mit sich bringt, kommt dieser Vorstellung entgegen. Gold ist eine zugleich faszinierende wie abweisende, eine verhüllende wie offenbarende Farbe.«[71] Meist sind neben den Hauptfiguren Christi, der Gottesmutter und der Titelheiligen die Apostel dargestellt; diese silbergetriebenen und vergoldeten Figuren zählen zu den großen Leistungen der mittelalterlichen Plastik. Die beiden Aachener Schreine gehören in diese Reihe staufischer Goldschmiedewerke. Der Karlsschrein nimmt allerdings deutlich eine Sonderstellung ein.

Die außergewöhnlichen Absichten, die zur Heiligsprechung Karls des Großen führten, beeinflußten natürlich auch die Gestalt seines Schreins, der vermutlich im Zusammenhang mit den Ereignissen von 1165 konzipiert und in Auftrag gegeben, vielleicht aber erst mit Verzögerung ausgeführt worden ist. Hier ist die Idee des Heiligen Reiches ins Bild gesetzt. An den Seiten des ungewöhnlich langgestreckten Gehäuses (2,04 m lang, 0,57 m breit, 0,94 m hoch) sind unter den mit Grubenschmelz geschmückten Bögen nicht wie üblich je sechs Apostel zu sehen, sondern hier sitzen jeweils acht gekrönte Kaiser und Könige auf ihren Thronen, also zusammen sechzehn Figuren. Daß diese beiden Zahlen wohl kaum ein Zufall sind, sondern bewußt auf Oktogon und Sechzehneck der Karlskirche hinweisen, ist offensichtlich. Dieser Bezug war schon am großen Leuchter zu beobachten gewesen, den Barbarossa ebenfalls um 1165 gestiftet hat. Schließlich sei daran erinnert, daß auch die Wiener Kaiserkrone aus acht Platten zusammengesetzt ist. »Im Zusammenhang mit dem Kaisertum läßt sich die Zahl 8 öfter nachweisen.«[72] Vielleicht gehört sogar das berühmteste Bauwerk Friedrichs II., des letzten staufischen Kaisers, in diesen Zusammen-

Castel del Monte, Apulien. Um 1240

Friedrich Barbarossa. Cappenberg, ehemalige Klosterkirche. Um 1170

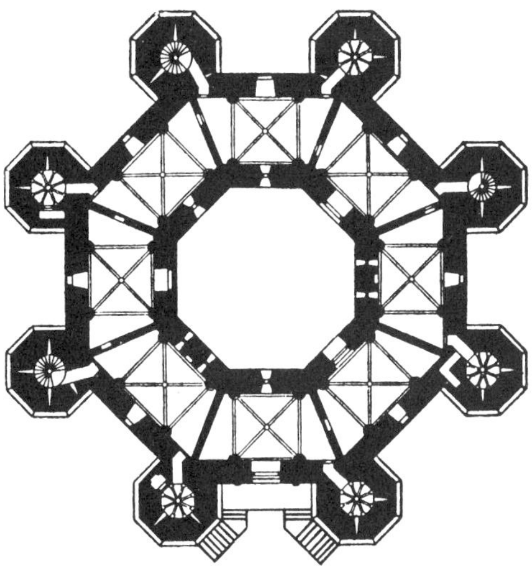

Castel del Monte, Grundriß

hang: »Das Spiel mit der Grundform des Achtecks im Castel del Monte hat nicht seinesgleichen in der Architektur.«[73] Auf der einen Stirnseite des Schreins thront die Gottesmutter, die Patronin des Domes, zwischen den Erzengeln Gabriel und Michael, über ihnen Halbfiguren, die die drei göttlichen Tugenden symbolisieren. Besonders interessant ist die andere Stirnseite. Karl der Große sitzt im Sinne der mittelalterlichen Bedeutungsperspektive größer als die anderen Figuren in der Mitte, in der Hand das Münstermodell; von ihm aus rechts ist Papst Leo III. zu sehen, den man fälschlich für den Konsekrator der Kirche hielt, und auf der anderen Seite Bischof Turpin von Reims, der als der Verfasser einer Heiligengeschichte über Karl den Großen galt. Über dem Kaiser erscheint Christus als der Weltherrscher, der Karl segnet. Die beiden anderen Halbfiguren sind verloren.

Im Jahre 1199, also zur Entstehungszeit des Karlsschreins, erklärte Papst Innozenz III. vor Gesandten des deutschen Königs: »Dem göttlichen Gesetz gemäß werden wohl die Könige und die Priester gesalbt, aber die Könige von den Priestern, nicht die Priester von den Königen. Wer salbt, ist größer als der, welcher gesalbt wird, jener überragt diesen an Würde . . . Den Fürsten wird die Macht auf Erden, den Priestern aber auch die Gewalt im Himmel verliehen; jenen nur über den Leib, diesen auch über die Seele. Soviel die Würde der Seele die des Leibes überragt, ebensoviel überragt die Würde des Priestertums die des Königtums.« Man stelle sich einen Augenblick lang vor, dieser Papst hätte die Frontseite des Karlsschreines gesehen. Hier wäre er der theologisch-politischen Gegenposition begegnet. Papst und Bischof, die Vertreter der Kirche, dürfen wie untergeordnete, in jedem Fall zweitrangige Diener neben der eigentlich bedeutsamen Gestalt stehen; der Kaiser als der viel Höhergestellte sitzt auf dem Thron. Wichtiger: Christus wendet sich aus der himmlischen Sphäre Heil verleihend unmittelbar dem Herrscher zu. Wenn es einen Stellvertreter Christi auf Erden gibt, so ist das in diesem Bild der Kaiser, nicht der Papst. Auf den vergleichbaren Schreinen der Zeit ist Christus fast immer als eine der zwei oder vier Hauptgestalten in entsprechen-

der Größe dargestellt. Am Karlsschrein nimmt Karl gleichsam die Stelle Christi ein. Unter den an den Längsseiten dargestellten Herrschern von Ludwig dem Frommen bis Friedrich II. — sie sind jeweils durch ein Namensband bezeichnet — fehlt ausgerechnet Friedrich Barbarossa. Auf dem Hintergrund dieser verwunderlichen Tatsache wird folgende Beobachtung wichtig: Der Kopf Karls des Großen am Aachener Schrein ähnelt dem berühmten Kopfreliquiar mit den Zügen Friedrich Barbarossas in der ehemaligen Klosterkirche von Cappenberg (S. 43), von dem eine Urkunde sagt, es sei »nach dem Bilde des Kaisers« geschaffen. »Die Gestalt des Kaisers wird am Schrein zur Inkarnation deutschen Herrschertums. Karl und Friedrich I. sind in **einer** Figur dargestellt. Hinter der äußeren Ähnlichkeit zwischen dem Kopf der Karlsfigur und der Cappenberger Büste verbirgt sich die Vorstellung, daß der Auftraggeber des Schreins, Friedrich I., hier als ein neuer Carolus erscheint.«[74]
Auf den acht Dachfeldern sind Szenen aus der Karlslegende dargestellt. Breiten Raum nimmt die Erzählung von Karls angeblichem Kreuzzug nach Spanien ein, um das Grab des hl. Jakobus von den Ungläubigen zu befreien. Das letzte Relief zeigt Karl kniend vor der Gottesmutter; er bringt ihr das Modell des Domes dar. Dieses Relief unterscheidet sich stilistisch von den übrigen. Es ist von dem Meister geschaffen, der anschließend seine Arbeit am Marienschrein fortsetzt.
So wenig wir über den Anfang der Goldschmiedearbeiten am Karlsschrein wissen, so genau ist uns das Ende bekannt. Es war ein feierlicher Staatsakt. Der junge Friedrich II., Enkel Friedrich Barbarossas, war am 25. Juli 1215 im Dom zum König gekrönt worden. Bei dieser Gelegenheit hatte er das Kreuz genommen, d. h. sich zum Kreuzzug ins Heilige Land verpflichtet. Für den übernächsten Tag berichtet Reinerus, Mönch von St. Jakob in Lüttich: »Am Montag ließ derselbe König nach einer feierlichen Messe die Gebeine des heiligen Karl, die sein Großvater, der Kaiser Friedrich, aus der Erde erhoben hatte, in einen sehr kostbaren Sarg legen, den die Aachener aus Gold und Silber angefertigt hatten. Er nahm einen Hammer, legte seinen Mantel ab, bestieg mit dem Werkmeister das Gerüst und verschloß vor aller Augen zusammen mit dem Meister den Schrein, indem er die Nägel fest einschlug.«[75] Fast genau zweihundert Jahre später, am 28. Januar 1414, also dem sechshundertsten Todestag Kaiser Karls, wird die gotische Chorhalle eingeweiht, und der Karlsschrein, diese »Apotheose des Heiligen Reiches, seiner Würde und seiner Aufgabe«[76], wird im architektonisch so besonders ausgezeichneten Chorhaupt aufgestellt, den Schlußstein mit dem Bild des Auferstandenen über sich.

»Widmungsrelief« vom Dach des Aachener Karlsschreines

KARL DER GROSSE ZWISCHEN DEN APOSTELN

Es wurde bereits erwähnt, daß die Reihe der Apostel an den Chorhallenpfeilern von der Muttergottes und Karl dem Großen angeführt wird. Diese Tatsache kann nunmehr gewürdigt werden. Es handelt sich auch hier um die alte Idee der Sakralisierung des Reiches, der Legitimierung der königlichen Herrschaft unmittelbar durch Gott. An die Spitze der Apostel gehört nämlich Christus. Das ist die übliche Anordnung, wie sie sich z. B. im Chor des Kölner Domes oder im Freiburger Münster findet. Wenn in Aachen Karl der Große die Reihe der zwölf Apostel anführt, so nimmt er wiederum deutlich den traditionellen Platz Christi ein. Noch ein weiterer Bezug ist festzustellen. Karl der Große wird unter den Chorfiguren gleichsam zum 13. Apostel. Diese Idee geht auf den ersten christlichen Kaiser, Konstantin den Großen, zurück, der diesen Anspruch in seinem Mausoleum in der Apostelkirche zu Konstantinopel hatte manifestieren lassen. Alle diese Versuche, gegenüber dem Ausschließlichkeitsanspruch von Papst und Kirche den sakralen Rang auch des König- und Kaisertums festzuhalten, waren nach dem Investiturstreit letztlich zum Scheitern verurteilt. Die geschichtliche Entwicklung ging in eine andere Richtung: Nachdem man sich daran gewöhnt hatte, geistliche und weltliche Gewalt zu trennen, wurde die letztere unaufhaltsam säkularisiert. Diesen Prozeß konnte auch die Beschwörung des »heiligen« Karl nicht aufhalten.

STATIK DER CHORHALLE

Das entmaterialisierte hochgereckte Glashaus der Spätgotik bedarf besonderer statischer Vorkehrungen, um standsicher zu sein. Am Außenbau überraschen die schlanken, verhältnismäßig wenig (ca. 2 m) ausladenden Strebepfeiler (S. 63), zwischen die die hohen Glaswände gespannt sind. Innen zeigt ein Blick in die Gewölbezone, daß ein System von Stahlankern die schmalen Strebepfeiler erst ermöglicht. Der mittelalterliche Baumeister wirkt dem Gewölbeschub durch vier horizontale Queranker entgegen, die unter den Gewölben gut sichtbar sind; die auffälligen vergoldeten Halbkugeln aus Kupferblech (S. 96) verhüllen die Gelenke der Horizontal- und Schrägstäbe. Diese Queranker werden durch vier (ehemals fünf) stählerne Ringan-

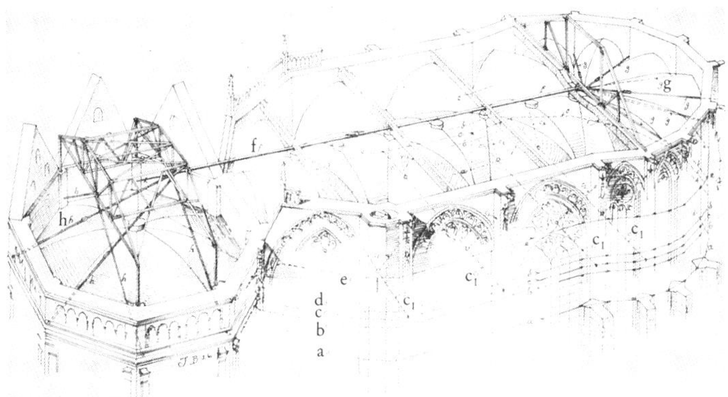

Ankersysteme der Aachener Chorhalle. Die Linien a—e zeigen die fünf gotischen Ringanker, von denen vier (a—d) 1978 bis 1982 wieder funktionstüchtig gemacht worden sind. Die Linien c_1 zeigen die vier gotischen Queranker, die innen unterhalb der Gewölbe sichtbar sind.
Die Linien f—h zeigen das Zentralankersystem Buchkremers und Pirlets von 1919/20, das oberhalb der Gewölbe Chorhalle und Oktogon verbindet. (Zeichnung Buchkremer)

ker ergänzt, die sich in der Höhe durch Pfeiler und Fenster hindurch um den ganzen Bau ziehen; sie sind von innen nicht sichtbar. Das Ringankersystem ist mit dem des Karolingerbaus verbunden. Diese für das Mittelalter erstaunliche Sicherung durch Stahlzüge in einer Kombination von Quer- und Ringankern — es sind etwa 15 Tonnen Stahl verschmiedet — gleicht die unterschiedlichen Horizontalschübe der Gewölbe aus, die durch den ungleichen Abschluß im Westen (dreiseitig) und Osten (neunseitig) entstehen.

Im 18. Jahrhundert — vielleicht auch erst in der Mitte des 19. Jahrhunderts — ist das mittelalterliche Ringankersystem zerstört worden, indem man die Stahlstäbe jeweils an den Fensterrändern durchtrennte. Lediglich einer der fünf Anker blieb erhalten, wurde nun aber ganz übermäßig belastet. Die katastrophalen Folgen wurden deutlich, als sich 1917 die Gewölbe »armdick von den Wänden gelöst«[77] hatten. Die Zeichnung Buchkremers zeigt, wie der Dombaumeister gemeinsam mit Professor Pirlet von der Technischen Hochschule den drohenden Einsturz durch ein modernes Zentralankersystem über den Gewölben verhindern konnte. Es bindet die Chorhalle mit dem Oktogon zusammen. Die Sanierung war also nur dank der Stabilität des Karolingerbaus möglich. Die Chorhalle blieb indes ein statisches Sorgenkind, bis man sich entschloß, vier der fünf ursprünglichen gotischen Ringanker wiederherzustellen; an die in den Pfeilern noch vorhandenen alten Stahlstangen konnte dabei dank des inzwischen ausgereiften Elektroschweißverfahrens buchstäblich wieder »angeknüpft« werden. Bei diesen Arbeiten zeigte sich übrigens, daß der einzige nicht durchtrennte gotische Anker infolge der übermäßigen Belastung kurz vor dem Zerreißen stand. Die Sicherungsmaßnahmen wurden 1982 abgeschlossen. Die Chorhalle besitzt nun also wieder das von ihren Erbauern erdachte Ankersystem, das sich auch im 20. Jahrhundert als das zweckmäßigste erwiesen hat. Die vier erneuerten Ringanker sind vom Münsterplatz aus vor den Fenstern unterhalb des Maßwerks zu erkennen.

Aachen, Chorhalle. Freigelegtes Stück der zunächst geplanten Fensterschräge

Vorn links in der Chorhalle, rechts neben der Konsole mit den drei singenden Engeln, findet sich eine interessante Einzelheit, die die Absicht des unbekannten gotischen Architekten klarmacht, einen gleichsam schwebenden Schrein möglichst ganz aus Glas zu schaffen: In dem fünf Meter hohen Mauersockel, über dem die Fenster beginnen, steckt ein Stück der ursprünglich geplanten Fensterschräge; sie liegt zwei Meter tiefer als die heutige. Die Fensterflächen waren also noch tiefer heruntergezogen, die Wandauflösung war noch weiter getrieben. Weshalb ist die Grundmauer nachträglich erhöht worden? Vielleicht waren ästhetische Gründe ausschlaggebend: Die erst 16 Jahre nach Vollendung des Baus an den Pfeilern eingebauten Engelkonsolen mit den Apostelfiguren sind zwei Meter tiefer schwerlich vorstellbar. Die immer wieder genannten statischen Gründe sind jedenfalls nicht stichhaltig.

GRAB OTTOS III.

In der Mitte der Chorhalle liegt ein Gedenkstein von 1834 aus schwarzem Marmor, der die Stelle bezeichnet, wo der Sarkophag Ottos III. nach dem Bau der gotischen Chorhalle beigesetzt wurde. Ursprünglich war sein Grab hinter dem Altar im östlichen Umgangsjoch gewesen. Als 1910 der Sarg aus rotem Sandstein geöffnet wurde, enthielt er »fast nur staubartige Überreste«.[78] 1803 hatte die französische Verwaltung das Grab öffnen und die Gebeine herausnehmen lassen; wo sie anschließend beigesetzt worden sind, ist unklar.

Otto III. ist der zweite Kaiser, der im Dom begraben worden ist. Sein tragisches Schicksal, seine Frömmigkeit, sein politisches Wollen, sein Kunstsinn haben in Aachen beeindruckende Zeugnisse hinterlassen. Mit drei Jahren wurde der Sohn Kaiser Ottos II. und der Byzantinerin Theophanu von den Erzbischöfen Johannes von Ravenna und Willigis von Mainz in Aachen zum König geweiht. Das geschah am Weihnachtstag des Jahres 983; auch die Patin des königlichen Kindes, Mathilde, Äbtissin von Essen, selbst eine Enkelin Ottos des Großen, war anwesend; im Münsterschatz von Essen wird eine Kinderkrone aufbewahrt, die vielleicht damals in Aachen benutzt worden ist. Die frühe Krönung diente der Sicherung der Nachfolge. Kaum waren die Feierlichkeiten beendet, als die Nachricht vom unerwarteten Tod Ottos II. in Aachen eintraf. Damit war das unmündige Kind der legitime König. Mit 15 Jahren wird Otto mündig, regiert er selbst. Der Aachener Liuthar-Codex enthält ein Kaiserbild (S. 118/119), das wie die ins Bild gesetzte Herrschaftsidee des jungen Königs wirkt. Mit diesen kühnen Ideen aufs engste verwandt ist das berühmte Lotharkreuz (S. 120—122), das ebenfalls im Domschatz aufbewahrt wird. Und schließlich darf vielleicht auch der Weihwasserkessel aus Elfenbein (S. 104, 105) mit Otto III. in Verbindung gebracht werden. Im Jahre 1000 macht Otto eine Wallfahrt nach Gnesen zum Grab seines persönlichen Freundes, des Bischofs Adalbert von Prag, der drei Jahre vorher bei dem Versuch, die Preußen zu missionieren, erschlagen worden war. Aus Gnesen bringt der Kaiser Reliquien des Märtyrers mit und gründet zwei Adalbertkirchen, eine in Aachen und die andere in Rom, die heutige Kirche St. Bartolomeo auf der Tiberinsel. Es ist bezeichnend, daß diese beiden Städte auf diese Weise ausgezeichnet werden. ». . . in den beiden Zentren des Reiches wurden die Reliquien hinterlegt, von denen sich Otto auf Grund seiner Verbindung mit dem lebenden und nun schon zum Heiligen gewordenen Adalbert eine ganz besondere Hilfe versprechen durfte.«[79] Im gleichen Jahr läßt Otto das Grab Karls suchen und öffnet es. Dieser von den Zeitgenossen übrigens mißbilligte Vorgang wurde bereits erwähnt. Als der Einundzwanzigjährige im Januar 1002 in Paterno in der Nähe Roms wie so viele Deutsche von einem plötzlichen Fieber dahingerafft wird, ist sein letzter Wunsch, nicht in Rom an der Seite seines Vaters, Kaiser Ottos II., begraben zu werden, sondern in Aachen in der Nähe Karls des Großen. Freilich hatte Rom dem Kaiser seine Tore verschlossen, seine Getreuen hatten alle Mühe, den Leichnam durch das aufständische Italien nach Deutschland zu bringen.

HEINRICHSKANZEL

Mit dem so früh verstorbenen Otto hängt auch das in mancher Hinsicht wertvollste Kunstwerk in der Chorhalle zusammen: der Ambo oder die Heinrichskanzel (S. 100—103) über dem Eingang zur Sakristei. Ist der hölzerne Schutzmantel zurückgeschlagen, enthüllt sich eine golden strahlende Pracht. Eine ganze Schatzkammer scheint ausgeschüttet, um den Ort erstrahlen zu lassen, von dem aus das Wort Gottes verkündet wird. Hier ist sinnenfällig, was auch die Prachteinbände der mittelalterlichen Evangelienbücher aussagen: Es gibt für den Gläubigen nichts Wertvolleres als Gottes Offenbarung an den Menschen. Die Grundform der hölzernen, mit vergoldetem Kupferblech verkleideten Kanzel besteht aus drei Teilen, die kleeblattförmig angeordnet sind. Die breite Mittelrundung ist in neun Felder unterteilt. Fünf fallen durch ihren ungewöhnlichen Schmuck auf. Oben ist eine byzantinische Achatschale angebracht, ihre Öffnung ist der Grundplatte zugewandt. Rechts befindet sich eine Untertasse aus Bergkristall, links die zugehörige Tasse mit Henkel aus gleichem Material. Beides sind fatimidische Arbeiten, vielleicht ägyptischer Herkunft. Die zwei anderen Gefäße gehen auf moderne Restaurierungen zurück, denn der Ambo ist mehrfach verändert worden; so wurde z. B. die untere Achatschale 1937 ergänzt. Die grüne Glasschale in der Mitte ist eine antike Arbeit, gehört aber eben nicht zum ursprünglichen Bestand. Es ist vermutet worden, daß in der Mitte die größte erhaltene kreisrunde Kamee des Altertums angebracht war: ein Sardonyx, aus dessen weißer und brauner Schicht ein majestätischer Adler mit Siegespalme und Kranz herausgeschnitten ist.

Adler-Kameo, um 190 v. Chr. (Fassung 16. Jahrhundert), Wien, Kunsthistorisches Museum

Der 22 cm große Halbedelstein stammt aus dem 2. Jahrhundert vor Christus und gehört seit dem 18. Jahrhundert zu den Schätzen des Kunsthistorischen Museums in Wien. Von der Größe her würde er in die mittlere Aussparung des Amboholzkerns passen. Die Verwendung so unterschiedlicher Gegenstände wie Tassen und Schalen zeigt, daß offenbar ihre Kostbarkeit und Seltenheit den Ausschlag für ihre Anbringung am Lesepult gaben. Zusammen bilden diese großen Schmuckstücke gleichsam ein triumphales Edelsteinkreuz. Die vier Kreuzenden zeigen noch weitere profane Gebrauchsgegenstände: Um die großen Edelsteingefäße sind auf Braunfirnisgrund Schachfiguren aus verschiedenen Halbedelsteinen angeordnet. Die vier Ecken des Mittelteils zeigen vergoldete Kupferplatten mit getriebenen Darstellungen der Evangelisten. Nur die Darstellung des Matthäus links oben ist noch ursprünglich.

Zum Wertvollsten und zugleich Merkwürdigsten am Ambo gehören die sechs Elfenbeinschnitzereien an den Seiten. Es sind ägyptische Arbeiten des 6. Jahrhunderts, wahrscheinlich aus Alexandria stammend. Recht unbekümmert tummeln sich da nackte antike Gottheiten am christlichen Evangelienpult. Unten ist zweimal Bacchus dargestellt; der weinselige Gott hat in betont lässiger Haltung die Beine übereinandergeschlagen und greift in das ihn ganz umgebende Weinlaub (S. 101) bzw. gießt eine Kanne aus, deren Flüssigkeit einem Tier in den offenen Rachen fließt. Das Weinlaub ist elegant geschnitzt, z. T. löst es sich ganz vom Hintergrund; es steckt voller Überraschungen: Drollige Phantasietiere und Putten bevölkern es. Das mittlere Elfenbein der linken Seite zeigt eine erotische Szene: Töchter und Söhne des Meeresgottes vergnügen sich inmitten von Fischen und Muscheln. Die mittlere Darstellung auf der rechten Seite zeigt die Göttin Isis, die ein Schiff und einen kleinen Tempel in ihren Händen hält (S. 102, 103); eine exzentrische Tänzerin, die sich im Rhythmus der Pansmusik bewegt, ist zu Füßen der Gottheit zu sehen. Schließlich finden sich in der oberen Reihe zwei gewappnete Feldherren, rechts stehend, links zu Pferd, die jeweils von zwei Victorien gekrönt werden. Alle sechs Elfenbeine haben die natürliche Rundung des Elefantenstoßzahns beibehalten und genutzt. Wie kommen diese durch und durch heidnischen Darstellungen auf das christliche Lesepult? War es auch hier der Schmuckwert und das hochgeschätzte Material? Oder müssen die überwundenen alten Götter gleichsam den Triumphzug des einzig wahren Gottes vervollständigen, so wie die entmachteten Dämonen als Wasserspeier dem Schutz des Heiligtums von außen zu dienen haben?

Das Buchpult auf der Kanzel ist im frühen 19. Jahrhundert erneuert worden. Buchkremer hat vermutet, daß als Schaft ursprünglich eine Elfenbeinschnitzerei gedient hat, die heute mit modernem Metalleinsatz und Bügel als Weihwasserkessel (S. 104, 105) in der Schatzkammer aufbewahrt wird. Dieses kleine Meisterwerk wäre recht gut am ottonischen Ambo vorstellbar. Schon seine Form erinnert unmittelbar an die karolingische Pfalzkapelle: Oktogonal ist die Grundform, die Architektur zeigt zwei Geschosse, und schließlich ist die obere Zone mit antikisierenden Säulen ausgezeichnet. Diese Parallelen dürften kaum Zufall sein. Unten stehen acht bewaffnete Wächter und schützen die Tore der Stadt. Über ihnen sind friesartig Häusergiebel, Zinnen, Säulengänge und andere Stadtarchitekturen angedeutet. Übrigens läßt der Schnitzer mit augenzwinkerndem Humor einen der gestrengen Torhüter offensichtlich mit dem Schlaf kämpfen (S. 105). Todmüde lehnt er sich mit seiner Lanze gegen einen Torflügel, die Beine ganz unsoldatisch übereinandergeschlagen. In der oberen Zone der Himmelsstadt — denn um diese Idee scheint es sich wiederum zu handeln — sind drei Personen durch ihr Sitzen auf Thronen ausgezeichnet; vielleicht ist mit der mittleren Figur der hl. Petrus gemeint, zu seiner Rechten könnte dann ein Papst, zu seiner Linken ein Kaiser (S. 105) dargestellt sein. Es liegt nahe, an Kaiser Otto III. und den von ihm zum Papst erhobenen Silvester II. zu denken. Papst und Kaiser neben dem Apostelfürsten: Der Titel des Papstes war »Servus servorum Dei«; Otto III. hat sich auf seinem Zug nach Gnesen ebenfalls als Apostelnachfolger gefühlt, wie sein damals benutzter Titel »Servus Jesu Christi« beweist. Ab 1001 nannte er sich »Servus Apostolorum«. In den übrigen Nischen stehen je zwei Erzbischöfe und Bischöfe sowie ein Abt. Das Motiv der um die Säulen geschlungenen Vorhänge ist aus der gleichzeitigen Buchmalerei bekannt. Die kaum 4 cm großen Figürchen vertragen auch eine vielfache photographische Vergrößerung — Beweis ihrer inneren Monumentalität. Der kleine Fries mit Ranken und Jagdszenen am oberen Rand und vor allem die beiden größeren Masken mit dem bärtigen Gesicht eines alten Mannes rücken die Elfenbeinsitula in die stilistische

Kopf eines bärtigen Mannes vom Weihwasserkessel, um 1000. Aachen, Domschatz

Kreuzigung, Elfenbein, vom Deckel des Codex aureus von Echternach, vor 1000. Nürnberg, Germanisches Nationalmuseum

Nähe eines der größten und eigenwilligsten Elfenbeinschnitzer der Jahrtausendwende, zu dessen Werken z. B. die Kreuzigungsdarstellung auf dem Buchdeckel des Goldenen Evangelienbuches von Echternach gehört; sie befindet sich im Nürnberger Germanischen Nationalmuseum.

H. Wentzel hat den Aachener Ambo »das kostbarste Kirchenausstattungsstück des Abendlandes um 1000«[80] genannt, und derselbe Forscher hat eine faszinierende Hypothese über die Herkunft der profanen Kostbarkeiten aufgestellt, die die goldene Kanzel zieren. Die ägyptischen Elfenbeine, die Achatschale, die Schachfiguren und nicht zuletzt Tasse und Untertasse aus Bergkristall stellt er sich als zum Brautschatz der Theophanu gehörig vor. Der selbstbewußte Kaiserhof in Byzanz wird die junge Prinzessin schon aus Prestigegründen reich ausgestattet zu ihrem Bräutigam in den immer noch als »barbarisch« angesehenen Westen geschickt haben. »Theophanu wird Schach in der Hauptstadt des byzantinischen Reiches ganz selbstverständlich gelernt und die Figuren ebenso selbstverständlich nach Deutschland mitgenommen haben. Aus so alten und kostspieligen Figuren wie in Aachen ist kein zweites Schachspiel aus jener Zeit zusammengesetzt.«[81] Wir wissen, daß Theophanus Mann, Otto II., und ihr Sohn, Otto III., Schach gespielt haben. Eine gleiche Bergkristalltasse wie am Ambo befindet sich in der Schatzkammer der Residenz in München. Sie ist zu einem Kelch umgearbeitet worden, wiederum ein Zeichen für die hohe Wertschätzung solcher Gebrauchsgegenstände im Mittelalter. Wentzel sieht in diesen Stücken den Überrest von dem »Parade-Satz an Halbedelstein-Geschirr, den Theophanu nach Deutschland mitbrachte und der außerhalb des sächsischen Hofes kein Gegenstück im westlichen Ausland besaß.«[82]

Den Ambo umzieht oben und unten eine Inschrift, die besagt, daß Heinrich II. das Evangelienpult »mit Kostbarkeiten aus eigenem Besitz« der Muttergottes gestiftet habe. Dieser Herrscher, der später heiliggesprochen wurde, hatte seinen Anspruch auf die Nachfolge Ottos III. gegen mehrere Rivalen mit zumindest ungewöhnlichen Mitteln durchgesetzt. War er doch dem aus Italien durch sein bayrisches Herzogtum ziehenden Leichenzug des Vorgängers entgegengeritten, hatte sich in den Besitz der Reichskleinodien gesetzt und die Herausgabe der noch fehlenden Heiligen Lanze durch Geiselnahme und Zurückhalten der kaiserlichen Leiche erzwungen. Bei dieser Gelegenheit soll er auch persönlichen Besitz Ottos an sich gebracht haben. Hat er später diese unschönen Vorgänge, die den Beginn

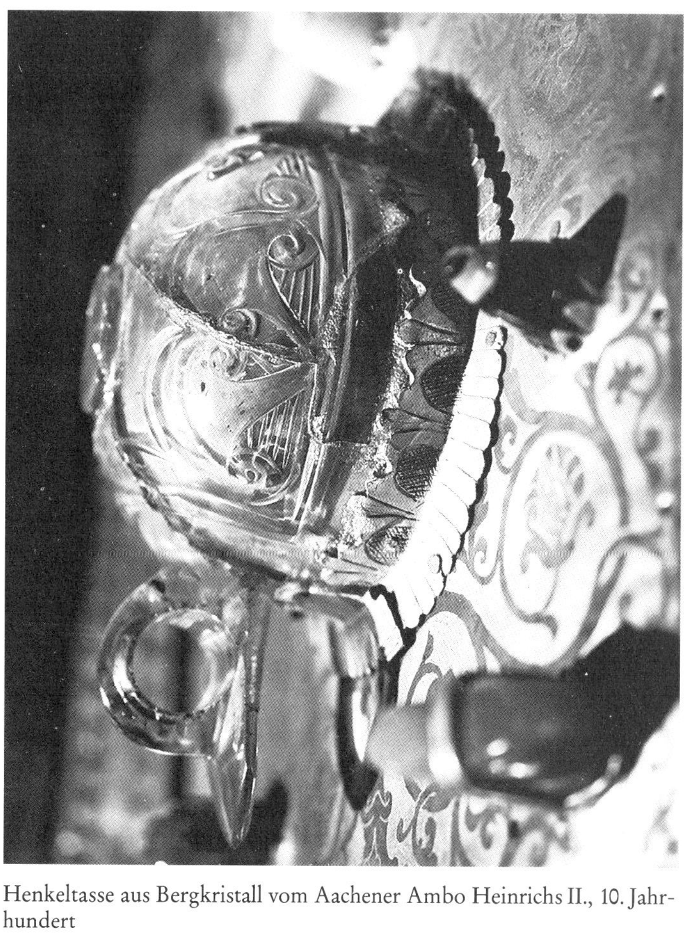

Henkeltasse aus Bergkristall vom Aachener Ambo Heinrichs II., 10. Jahrhundert

Henkeltasse aus Bergkristall, 10. Jahrhundert, zu einem Kelch verarbeitet. Sogenannter Heinrichskelch, Fassung 12. Jahrhundert. München, Schatzkammer der Residenz

seiner Herrschaft überschatteten, wiedergutmachen und unrecht erworbenes Gut zurückgeben wollen? Jedenfalls fällt auf, daß Heinrich den Aachener Dom — die Grabstätte seines jugendlichen Vorgängers — mit außerordentlich wertvollen Geschenken ausstattete. Das gilt nicht nur für den Ambo, dessen Kleinodien, wie wir gesehen haben, wohl aus dem Besitz Ottos III. und seiner byzantinischen Mutter stammen, sondern auch von der Pala d'oro.
Heute führt eine Treppe des 18. Jahrhunderts auf die Kanzel, die sich an dieser Stelle erst seit Errichtung der Chorhalle befindet. Meist wird angenommen, daß der Ambo ursprünglich um einige Stufen erhöht in der Mittelachse des Oktogons vor dem Hauptaltar, also am Eingang der östlichen Arkade gestanden hat. »Die Beziehung zu dem dem Ambo im Hochmünster gegenüberstehenden Thron des Herrschers ist offenkundig.«[83] Der König hätte das liturgische Geschehen an Ambo und Altar mit einem Blick umfassen können (S. 29).

BISCHOFSKIRCHE

Der Heinrichskanzel schräg gegenüber steht ein barocker Sessel mit dem Bischofswappen darüber. Aachen ist heute Sitz eines Bischofs und der Dom eine Kathedralkirche. In der langen Geschichte des Gotteshauses ist diese Funktion als Mittelpunkt eines Bistums verhältnismäßig jung. Bis zum Jahre 1802 hatte Aachen stets zum Bistum Lüttich und Erzbistum Köln gehört. Das änderte sich, als die Gebiete westlich des Rheins nach der Französischen Revolution an Frankreich fielen. Napoleon suchte die kirchlichen Verhältnisse nach den voraufgegangenen Wirren wieder in geordnete Bahnen zu lenken; er schloß ein Konkordat mit dem Papst, in dem auch die kirchliche Organisation der zu Frankreich gelangten Gebiete neu geregelt wurde. Das Erzbistum Köln verfiel der Auflösung. Aachen wurde Bischofssitz; bei dieser Wahl dürfte die Verehrung Napoleons für Karl den Großen eine nicht unbedeutende Rolle gespielt haben. Das ausgedehnte neue Bistum, das der Erzdiözese Mecheln eingegliedert wurde, umfaßte die linksrheinischen Gebiete zwischen Kleve im Norden und Kreuznach im Süden. Erster Bischof wurde der Elsässer Marc Antoine Berdolet (gestorben 1809) — also ein Franzose, der die Sprache seiner deutschen Diözesanen beherrschte — ein ergebener Anhänger Napoleons[84] und doch ein pflichteifriger Seelsorger. Der als Bischofsstuhl genutzte barocke Sessel spiegelt die damaligen Veränderungen in der Organisation der rheinischen Bistümer wider. Er war für den kunstsinnigen Kölner Kurfürsten und Erzbischof Clemens August in Lyon angefertigt worden. Napoleon schenkte ihn dem ersten Aachener Bischof.
Der ebenfalls von Napoleon ernannte Nachfolger Berdolets, Le Camus, der 1811 in sein Bistum kam, erhielt keine päpstliche Bestätigung und keine Bischofsweihe, da Napoleon und Papst

Sogenannter Talisman Karls des Großen, 9. Jahrhundert, Reims, Schatz der Kathedrale, Museum Tau (vgl. Anmerkung 84, S. 59)

Pius VII. inzwischen zu erbitterten Gegnern geworden waren. Als die französische Herrschaft in den Rheinlanden zusammenbrach, floh Le Camus und starb bald darauf in Paris. Das Erzbistum Köln wurde wiederhergestellt und das erste Bistum Aachen aufgelöst.
In Aachen blieb aber der Wunsch nach einem eigenen Bischofssitz wach; indessen war das Klima zwischen Preußen, dem neuen Herrn im Rheinland, und der katholischen Kirche solchen Bestrebungen wenig günstig. Erst nachdem Preußen 1929 ein neues Konkordat mit dem Vatikan geschlossen hatte, wurde ein Jahr später das zweite Bistum Aachen errichtet, das bis heute besteht, allerdings in wesentlich engeren Grenzen als das erste von Napoleons Gnaden.

SCHATZKAMMER

Die Schatzkammer des Aachener Domes birgt den bedeutendsten erhaltenen Kirchenschatz nördlich der Alpen. Die Fülle ihrer außerordentlichen Kunstwerke kann hier nicht vorgestellt werden; stellvertretend seien vier Beispiele ausgewählt, die in besonderer Beziehung zu den im Dom begrabenen Herrschern, Karl dem Großen und Otto III., stehen.

PROSERPINASARKOPHAG

Nach Aachener Tradition ist Karl der Große 814 im Proserpinasarkophag (S. 116, 117) beigesetzt worden. Das römische Werk des späten zweiten Jahrhunderts steht heute im unteren Raum der Schatzkammer. Seinen Namen hat der Sarkophag von der auf seiner Längsseite dargestellten griechischen Sage: Proserpina (griechisch Persephone) ist die Tochter der Ceres (Demeter), der Göttin der Fruchtbarkeit. Als sie einst mit Freundinnen in Sizilien auf einer Wiese spielt, raubt sie Pluto (Hades), der Gott der Unterwelt, und macht sie zu seiner Gemahlin. Ihre Mutter Ceres — untröstlich über den Verlust der Tochter — läßt alles Wachstum auf der Erde verdorren; Hungersnot bedrängt die Menschen. Da greift Jupiter ein. Sein Spruch gibt die Tochter für zwei Drittel des Jahres der Mutter zurück. Ceres läßt in ihrer Freude die Erde erblühen und die Saat reifen. Ein Drittel des Jahres verbringt Proserpina bei ihrem Gatten. In dieser Zeit trauert die Mutter und die Natur mit ihr. Es ist deutlich: Der Mythos erklärt den Wechsel der Jahreszeiten. Meisterlich hat der antike Bildhauer die Erzählung ins Bild gesetzt. Pluto hat Proserpina auf seinen Wagen gehoben, und das feurige Viergespann zieht an. Merkur (Hermes), der Götterbote, der auch die Seelen der Toten in die Unterwelt geleitet, weist die Richtung. Neben dem Riesen Enecladus bezeichnet Cerberus, der vielköpfige Bewacher der Unterwelt, das Ziel der Fahrt. Unter den Pferden ist die Nymphe Zyane Zeugin des Vorgangs. Minerva (Athene) unterstützt den göttlichen Räuber; die beiden Gespielinnen mit den Blumenkörben können nichts verhindern. Über ihnen wirft sich Venus (Aphrodite) in die allgemeine Fluchtbewegung; der Wind scheint ihr zu helfen, sie benutzt ihr Oberkleid wie ein Segel; natürlich hat die Göttin der Liebe Anteil am Geschehen. Von links folgt die erzürnte Mutter Ceres; mit einem Drachengespann sucht sie den Entführer einzuholen. Doch auch ohne Kenntnis der Sage kann jeder Betrachter sehen: Die Verfolgung hat keine Chance. Kraftvoll und raumgreifend zielt alle Dynamik nach rechts. Diese rasante Vorwärtsbewegung kann durch das verzweifelte Sich-Zurückwerfen der Proserpina nicht aufgehalten werden. Vollends wird der Ausgang des dramatischen Geschehens klar, wenn man den energischen Vorwärtsdrang der vier Pferde mit der schraubenartigen Drehbewegung der zwei Flügelschlangen vergleicht. Ihre Zielrichtung ist vertikal statt horizontal. Ihre Kraft verpufft ohnmächtig in einem schwerfälligen Sich-auf-der-Stelle-Drehen. Fast vollplastisch sind die Figuren aus dem Marmor herausgearbeitet. Mit Hilfe eines Bohrgerätes wurden Feinheiten und Tiefenwirkungen erreicht, die mit dem Meißel allein nicht hätten erzielt werden können.
Es ist gut vorstellbar, wie ein antikes Werk von solcher Qualität Karl den Großen und seinen Hof begeistert hat. Wer anders sollte es aus Italien nach Aachen gebracht haben? Es ergibt ei-

Proserpinasarkophag, 2. Hälfte des 2. Jahrhunderts n.Chr. Aachen, Schatzkammer (Vgl. auch S. 116, 117)

nen tiefen Sinn, wenn Karl in diesem Sarkophag beigesetzt worden ist: »Wie im Leben so auch im Tode bildete das Antike einen Teil des Kaiserornats.«[85] Aber kann der christliche Herrscher sich eine so heidnische Hülle gewünscht haben? Zunächst einmal ist zu bedenken, daß die antike Sage von Proserpina eine Art Auferstehungsmythos ist. Dem vermeintlichen Absterben der Natur im Winter folgt ihre Neugeburt im Frühling. Aber vielleicht gibt es auch noch eine andere Erklärung, die freilich Hypothese bleibt: Das Alte Testament erzählt im 4. Buch der Könige von dem geheimnisvollen Ende des Propheten Elias, das dessen Jünger Elisäus miterlebt: »Während sie noch miteinander gingen und sprachen, erschien ein feuriger Wagen mit feurigen Pferden und trennte beide. Elias stieg im Sturmwetter zum Himmel empor.« Das Judentum erwartete die Wiederkehr des Elias vor der Ankunft des Messias. Das Mittelalter war von dieser Himmelfahrtsvision tief beeindruckt. Sie wurde in zahlreichen Kunstwerken dargestellt. Ist vielleicht das Viergespann des Pluto mit den wahrhaftig »feurigen« Pferden als eine Art Himmelfahrtswagen für den Kaiser, der auf seine Auferstehung von den Toten wartet, umgedeutet worden? Dazu paßt eine weitere Einzelheit: Im Domschatz befindet sich ein byzantinisches Seidengewebe des 8. Jahrhunderts, das zu den Tüchern gehört haben soll, mit denen die Gebeine Karls umhüllt worden waren. Dieser außerordentlich wertvolle Stoff, von dem es noch ein weiteres Stück im Cluny-Museum in Paris gibt, zeigt wiederum eine Quadrigadarstellung.

Im Proserpinasarkophag hat der Leichnam Karls des Großen also mit großer Wahrscheinlichkeit von 814 bis 1165 geruht; dann wurden die Gebeine anläßlich der Heiligsprechung Karls durch Kaiser Barbarossa aus dem »marmornen Grabmal« erhoben, wie Sigibert von Gembloux in seiner Weltchronik berichtet, und schließlich 1215 in den Karlsschrein übertragen, in dem sie bis heute aufbewahrt werden.

Bis 1788 hat der nun leere Proserpinasarkophag in einer Nische des unteren Umgangs an der Südostwand gestanden. (Buchkremer hat an dieser Stelle das ursprüngliche Karlsgrab vermutet.) Aber inzwischen erregte die unverhüllte Weiblichkeit der antiken Nymphen und Göttinnen offenbar Anstoß, und das Meisterwerk aus der Zeit Marc Aurels wurde im allgemein zugänglichen Teil der Kirche nicht mehr geduldet. (Aus ähnlichen Gründen wurden z. B. 1812 die nackten Auferstehenden auf dem Altar des Jüngsten Gerichtes von Rogier van der Weyden in Beaune durch Übermalung »bekleidet«. Nicht viel anders erging es Adam und Eva vom Genter Altar der Gebrüder van Eyck; dort wurden 1861 die Originale durch züchtig angezogene Ureltern ersetzt.) Den Abtransport nach Paris während der französischen Besetzung und die Rückkehr 1815 hatte der Proserpinasarkophag glücklich überstanden; als er aber 1843 im oberen Teil der Nikolauskapelle, der Michaelskapelle, eine den Augen der Gläubigen entzogene Bleibe finden sollte, rissen beim Emporziehen über die Brüstung der Michaelskapelle die Tragseile, und das wertvolle Stück stürzte in die Tiefe. Es zerbrach in mehrere Teile, doch zum Glück nahm die Schauseite keinen allzugroßen Schaden.

Quadrigastoff, Seidengewebe, Byzanz, Ende 8. Jahrhundert (?). Aachen, Domschatz

LIUTHAR-CODEX

Die Schatzkammer bewahrt als eines ihrer wertvollsten Bücher das ottonische Evangeliar, das auch als Liuthar-Codex bekannt ist. Otto III. soll es dem Dom geschenkt haben. Unter seinen 31 ganzseitigen Miniaturen mit Initialen, Evangelistendarstellungen und biblischen Szenen befindet sich auch eine bemerkenswerte Kaiserdarstellung (S. 118/119). Größer als die anderen Figuren und über sie alle erhoben, sitzt ein Herrscher, den die Beischrift als »Otto« bezeichnet, auf einem Thron, der von einer hockenden Frauengestalt, der Personifikation der Erde, getragen wird. »Der Himmel ist mein Thron und die Erde meiner Füße Schemel«, heißt es bei Isaias (66.1). Die Hand Gottes erscheint in einem Kreis und setzt dem Thronenden die Krone auf. Sein Haupt befindet sich an der Stelle, wo sich der Kreis des göttlichen Bereichs mit einer weiteren geometrischen Figur, der ellipsenförmigen Mandorla, durchdringt. Dieser den ganzen Körper umschließende Heiligenschein ist eine für dieses Thema höchst ungewöhnliche Darstellungsweise. Mit der Mandorla wird sonst nur der auferstandene Christus ausgezeichnet, allenfalls noch Maria oder die Evangelisten. Der Kaiser hält in der rechten Hand den Reichsapfel, das Symbol christlicher Weltherrschaft; die linke ist frei, um das Evangelienbuch anzunehmen, das Liuthar darreicht. Die ganze Haltung des in der Mandorla Thronenden erinnert an die Darstellungen der Majestas Domini, wie wir sie z. B. in der Pala d'oro kennengelernt haben — zumal, wenn man sich das Evangelienbuch hinzudenkt. Vor der Brust des Kaisers halten die vier apokalyptischen Wesen, die Evangelistensymbole, eine Art Band oder Tuch. Was hier gemeint ist, sagt der Begleittext der gegenüberliegenden Buchseite, auf der ein Mönch — Liuthar (vielleicht der Auftraggeber, Schreiber oder Maler der Handschrift) — dargestellt ist, der dem Kaiser ein Buch darbringt. Es handelt sich also um ein Widmungsbild. Hier ist zu lesen: »HOC AUGUSTE LIBRO TIBI COR DEUS INDUAT OTTO QUEM DE LIUTHARIO TE SUSCEPISSE MEMENTO.« »Gott möge mit diesem Buch dir, dem Kaiser Otto, das Herz bekleiden; erinnere dich, daß du es von Liuthar empfangen hast.« Mit anderen Worten: Des Kaisers Herrschaft möge vom Geist des Evangeliums geprägt sein. An den Seiten des Thrones stehen — deutlich auf einer niedrigeren Ebene — zwei gekrönte Würdenträger; ihre Haltung und ihre Lehnsfähnchen machen ihr Unterordnungsverhältnis gegenüber dem Kaiser deutlich. Angesichts der »sprechenden« Hand- und Körperhaltung dieser beiden Könige leuchtet H. Jantzens berühmte Formulierung ein, die Figuren der ottonischen Buchmalerei seien »Gestalt gewordene Gebärde«.[86] In der untersten Reihe stehen zwei weltliche Fürsten mit ihren Lanzen und Schilden und zwei Geistliche in ihren priesterlichen Gewändern. Seit Otto dem Großen waren Bischöfe und Reichsäbte zu bedeutenden Stützen der Königsmacht neben den Herzögen und Grafen geworden. In Purpur, der Kaiserfarbe, ist der Rahmen gehalten. Auf Goldgrund stehen die Figuren. Im Liuthar-Codex wird zum ersten Mal in der mittelalterlichen Malerei Gold als Hintergrund konsequent genutzt. Die Darstellung wird damit aus allen realen Bindungen an eine bestimmte Zeit und an einen bestimmten Ort gelöst zugunsten der »Möglichkeit, Zeitlosigkeit des Geschehens zur Anschauung zu bringen«.[87] »Großartiger und gleichzeitig überheblicher ist die Regierung von Gottes Gnaden nie wieder geschildert worden: Die Hand Gottes, die den König krönt, die Erde, die ihn emporhebt, die Könige und Mächtigen, die ihm huldigen.«[88] »Nirgendwo sonst haben die Herrscher sich eine so hohe Vorstellung von ihrer Mission gebildet. Der Kaiser sieht sich und will, daß man ihn betrachtet: als Christus auf Erden. Es handelt sich hier um die byzantinische Idee der Christomimesis (Christusnachahmung), die aber selbst in Byzanz niemals bis zu diesem Grad entwickelt worden ist. Auf dem Titelblatt des Aachener Otto-Evangeliars erscheint Otto III. . . . an der Stelle, die sonst immer Christus einnimmt. Eine Ikonographie dieser Art ist ohne Beispiel.«[89]

Vor einem solchen Bild wird verständlich, daß es 80 Jahre später in der Zeit des Investiturstreites zum Ausschlag des Pendels in die andere Richtung kommt. Das durch die cluniazensische Reformbewegung erstarkte Papsttum stellt die ottonische sakrale Sicht des Kaisertums und seinen universalen Herrschaftsanspruch leidenschaftlich in Frage. Die Kirche sieht im Papst den alleinigen Stellvertreter Christi auf Erden; sie löst sich nicht nur aus der Bevormundung durch den Kaiser, sondern meldet nun ihrerseits einen ausschließlichen Führungsanspruch in der Christenheit an.

LOTHARKREUZ

Um das Jahr 1000, also ebenfalls in der Regierungszeit Ottos III., ist das hochberühmte Lotharkreuz (S. 120—122) entstanden, das zu den größten Schätzen des Domes gehört. Es befindet sich zwar in der Schatzkammer, ist aber nicht zum musealen Ausstellungsstück geworden, sondern dient nach wie vor, seit tausend Jahren, seinen liturgischen Aufgaben. Zieht der Bischof feierlich in den Dom ein, eröffnet auch heute noch das Lotharkreuz, das von seinem gotischen Standfuß gelöst und auf einen Stab aufgeschraubt werden kann, den Zug der Meßdiener und Kleriker. Mancher Kirchenbesucher hat bei solcher Gelegenheit schon gemeint, der Meßdiener halte das Kreuz »verkehrt herum«; denn es wird die eher unscheinbare Seite mit dem eingravierten Gekreuzigten nach vorne gehalten; die über und über mit Edelsteinen geschmückte Seite aber zeigt nach hinten. Zog der König — etwa zur Krönung — hinter diesem Kreuz in die Kirche ein, so war ihm die »Kaiserseite« zugewandt. Dieser Brauch wird bis heute beibehalten.

Das Kreuz hat einen wenig passenden Namen. Er leitet sich von dem karolingischen Bergkristall am unteren Kreuzbalken her, der einem König Lothar als Siegelstein gedient hat. Um den Kopf ist in Spiegelschrift zu lesen: »XPE ADIVVA HLOTARIUM REG.«, »Christus stehe dem König Lothar bei.« Vermutlich ist Lothar II. von Lotharingien (855—869) gemeint. Bei einem Vergleich des Aachener Kreuzes mit anderen ottonischen Beispielen, etwa den Kreuzen in Essen, dem Giselakreuz in München oder auch dem Reichskreuz in Wien, fallen seine ausgereiften, geradezu klassischen Proportionen auf. Längs- und Querbalken stehen in einem wohltuend ausgewogenen Verhältnis zueinander. Zu diesem Eindruck tragen die kapitellartig gestalteten Kreuzenden bei, »doch führen die nach innen gewandten Dreiecke jeden Ansatz ›plastischer‹ Formgebung wieder in die Fläche zurück«.[90]

Diese Gestaltung der Kreuzenden weist auch auf die Mitte hin, wo etwas erhöht und alles beherrschend der leicht ovale antike Steinschnitt angebracht ist. Dieser Halbedelstein dominiert nicht zuletzt durch seinen farblichen Braun-Weiß-Kontrast innerhalb der bunten Fülle von Edelsteinen, Perlen und Emailstreifen, die sich von dem funkelnden Goldgrund abheben, der zusätzlich mit Filigran überzogen ist. Von besonderem Reiz ist die Schrägsicht: Die großen Edelsteine im Mittelstreifen wirken wie die leuchtenden Kuppeln kleiner Tempel mit umlaufenden Arkaden auf einer heiligen Straße. Diese Goldarchitekturen lassen wieder die Idee des himmlischen Jerusalem anklingen.

Der heutige Betrachter fragt sich gelegentlich, ob eine solch prunkvolle Ausbreitung von Gold und Edelsteinen eigentlich dem Gegenstand, dem Kreuz des armen, qualvoll hingerichteten Gottessohnes, angemessen ist. Vielleicht hilft hier ein Blick auf die geschichtliche Entwicklung der Kreuzdarstellung. Tod durch Kreuzigung war für den antiken Menschen tief anstößig und schimpflich. Bis zum Ende des 4. Jahrhunderts wurde diese Hinrichtungsart im Römischen Reich noch praktiziert. Deshalb scheuten die frühen Christen wohl davor zurück, ihren Gott als Gekreuzigten, als Verbrecher, darzustellen. Dazu hatte das jüdische Bilderverbot noch verpflichtende Kraft. Auch sollte eine Verwechslung mit heidnischen Vorstellungen vermieden werden, für die die Gottheit im Kultbild selbst gegenwärtig war. So war das Kreuz zunächst keineswegs das christliche Symbol schlechthin, als das es heute ganz selbstverständlich erscheint. In den ersten Jahrhunderten ist es selbst als schlichtes Zeichen selten. Das ändert sich erst, als Kaiser Konstantin seinen Sieg gegen Maxentius an der Milvischen Brücke im Jahre 312 auf eine Erscheinung zurückführt, in der ihm über der Sonne ein leuchtendes Kreuz erschienen sein soll mit der Zusage: »In diesem Zeichen wirst du siegen.« Konstantin und seine Nachfolger machen das Kreuz zu einem Tropaion, einem kaiserlichen Siegesmal. Christus- und Kaiserkult beginnen, sich wechselseitig zu durchdringen. »Auf Christus, den schon die Evangelien als König bezeichnet hatten, wurden Formen der Darstellung und der Verehrung des Kaisers übertragen . . .«[91] »Zahlreich sind Äußerungen wie die von dem Tropaion des Kreuzes, durch das der Imperator Christus aus dem Feldzug seiner Passion triumphierend hervorgegangen sei.«[92] In Konstantinopel und Jerusalem werden große Kreuze aus kostbarem Material aufgerichtet, die mit Edelsteinen besetzt sind. Crux gemmata, Gemmenkreuz, ist die zeitgenössische Bezeichnung für solche Kreuze, wobei Gemme ganz allgemein Edelstein bedeutet. Solche Gemmenkreuze sind in den frühesten Apsismosaiken von Rom und Ravenna seit dem frühen 5. Jahrhundert dargestellt. Hier erscheint das Kreuz als »›Tropaion des Sieges Christi‹ über Sünde und Tod und ›Unterpfand seiner Wiederkehr‹ am Ende der Tage«.[93] Das älteste erhaltene Gemmenkreuz ist die Crux Vaticana aus dem 6. Jahrhundert, ein Geschenk des Kaisers Justinus II. (565—578) an die Peterskirche. Die Linie läßt sich über Beispiele wie das karolingische Ardennenkreuz des Nürnberger Germanischen Nationalmuseums bis zum Aachener Ottonenkreuz verfolgen.

Wir haben gesehen, wie beim Lotharkreuz alle formalen Elemente auf die Mitte verweisen. Sie ist in jeder Hinsicht bedeutungsvoll und außerordentlich. Wo der Betrachter eine Darstellung des Gekreuzigten erwartet, überrascht ihn hier das Bild des heidnischen Kaisers Augustus. Bei diesem Meisterwerk der Steinschneidekunst handelt es sich um einen Kameo: die figürliche Darstellung ist im Unterschied zur Gemme erhaben gearbeitet. Aus einem indischen Sardonyx, einem Halbedelstein, der drei verschiedene Farbschichten übereinander aufweist, ist das Herrscherporträt in strengem Profil herausgeschnitten. »Aus der tiefbraunen Schicht des Grundes hebt sich milchweiß das Haupt des Kaisers und der Arm mit dem Adlerszepter, und darüber legen sich als dritte, obere Schicht ins Gelbbraun-Rötliche spielend, der Lorbeerkranz und die besonders hoch modellierte Chlamys der idealisierten Triumphatorentracht. Aus dem Übergangston aber zwischen der weißen und der oberen, hellbraunen Lage gewinnt der Meister für das helle Haupthaar ein Goldblond von ganz seltener Schönheit, das die Farben der drei Schichten zu einer beglückenden Tonigkeit zusammenschließt. Dieses Haar nun ist in so sorgsamen Linien und weichen, schönen Bögen geführt wie kaum bei einer zweiten der vorzüglichsten augusteischen Gemmen, . . . Die Haartracht nähert sich übrigens am meisten der des Augustus von Primaporta und damit jener unverkennbaren Führung vorab der Stirnhaare, die als sicherstes Kriterium der Augustusbildnisse bekannt ist. Der Bildniswert des Aachener Kameos . . . spricht so überzeugend wohl aus keinem der verwandten Stücke . . . Wir haben also das Bild des Princeps etwa in seinen dreißiger Jahren vor uns.«[94]

Crux Vaticana, Stiftung des Kaisers Justinus II., 6. Jahrhundert. Rom, Kirchenschatz von St. Peter

Es bleibt die Frage, warum am Lotharkreuz Augustus die Stelle Christi einnimmt. Die Antwort ist in mehreren Richtungen zu suchen. Es wurde bereits darauf hingewiesen, daß nach der sogenannten konstantinischen Wende im Typus der Gemmenkreuze Kaiserkult und Christusverehrung sich gegenseitig durchdrungen haben. Einen präziseren Hinweis ergibt das Kaiserbild des Liuthar-Codex (S. 119), das die Kaiservorstellung Ottos III. wiedergibt, der ja auch als Stifter des Lotharkreuzes gelten darf. Dort war der Kaiser ebenfalls an die Stelle Christi getreten. Hier wird diese Idee um einen weiteren Zug erweitert: »Otto III. . . . vertrat in höherem Gedankenflug als einer seiner Vorgänger die große Kaiseridee des Sacrum imperium, das, im göttlichen Weltordo gegründet, als römisches Kaisertum von Karl dem Großen zum ersten, von Otto I. zum zweiten Male erneuert worden war.«[95] Dieser junge Herrscher betonte ausdrücklicher als alle Vorgänger die römische Komponente seines Kaisertums. Er nannte sich mit Vorliebe »Romanorum imperator augustus«, während das Otto I. nur ausnahmsweise, Otto II. erst in seinen letzten zwei Regierungsjahren getan hatte. Bisher hatte der Kaisertitel einfach »Imperator augustus« gelautet. Schließlich benutzte Otto III. zur Beglaubigung seiner Urkunden eine Metallbulle, die die Aufschrift »Renovatio imperii Romanorum«, »Erneuerung des Kaiserreichs der Römer«, trug. Auf dem Hintergrund eines solchen »Regierungsprogrammes«[96] darf nun auch der Augustus-Kameo des Lotharkreuzes verstanden werden. Der jugendliche Sohn der Theophanu sieht in großer Kühnheit in dem edlen römischen Augustusbild sich selbst und die eigene Kaiserherrschaft dargestellt; er identifiziert sich darüber hinaus nicht weniger kühn mit Christus, als dessen Beauftragter auf Erden er sich fühlt.

Auch angesichts eines antiken Kunstwerks von der Qualität des Augustus-Kameos stellt sich die Frage, auf welchen Wegen es wohl nach Aachen gelangt sein könnte. Wiederum bietet sich Konstantinopel als der Ort an, an dem sich am ehesten solche Schätze über die Jahrhunderte haben retten können. Und wiederum wäre es vorstellbar, daß die junge Theophanu diesen Edelstein als unüberbietbaren Hinweis auf die römische Tradition des byzantinischen Kaisertums ins Abendland mitgebracht hätte.

Der mittlere rötliche Stein unterhalb der Kreuzmitte ist ein Kuriosum. Dieser antike Amethyst zeigt die drei Grazien oder Chariten, die Göttinnen alles Lieblichen und Entzückenden aus dem Gefolge Aphrodites, der Liebesgöttin. Sie sind unbekleidet. Sie haben sich die Arme gegenseitig auf die Schultern gelegt und verschränken sich so zu einer zierlichen Dreiergruppe. Die Übersetzung der griechischen Umschrift lautet: »Porphyris der Eucharion die Chariten.« Es schenkt also eine Porphyris ihrer Freundin Eucharion die Gemme mit dem Bild der Liebesgöttinnen. P. Schmitz hat darauf aufmerksam gemacht, daß die Frauennamen in die »Kreise der Hetären, der Unfreien und Freigelassenen, der Schauspielerinnen« verweisen. »So läßt also das feine, anspruchslose Werk griechischer Kleinkunst manches reizvolle, lebendige Bild in uns aufsteigen aus dem Umkreis späthellenistischer Städte. Die eindeutigen Namen zwingen uns allerdings zu der Einsicht, daß es nicht gerade die besten und achtbarsten Kreise dieser Welt sind, wohin der zierliche Ringstein uns führt.«[97] Dem ottonischen Goldschmied war offensichtlich der Schmuckwert solcher Steine wichtig; er schätzte »ihre feine Technik, die man längst nicht mehr beherrschte«[98]; so fügt er den ovalen Amethyst in die Längsachse der übrigen Steine ein, so daß die Göttinnen auf der Seite liegen. Ebenso verfährt er mit einer kleineren Gemme aus dunklem Onyx am linken oberen Kreuzrand, die einen schreitenden Löwen zeigt.

Grazienstein vom Aachener Lotharkreuz. Amethyst, 1. Jahrhundert v.Chr.

Die andere Seite des Lotharkreuzes erscheint dem flüchtigen Betrachter zunächst kaum beachtenswert. Zwar erstrahlen auch hier alle Kreuzbalken in vergoldetem Silberblech, aber die spiegelnde Fläche ist nirgends plastisch gestaltet; erst recht gibt es keinen Edelstein, und damit auch keinen Farbakzent. Erst bei geduldigerem Hinsehen enthüllen sich Schönheit und Bedeutung der eingravierten Zeichnung. Auf einem T-förmigen Kreuz ist Christus als Toter dargestellt. Das Haupt ist auf die Brust gesunken. Die Leidensgestalt hängt an den ausgestreckten Armen; die Knie sind leicht eingeknickt, der Körper wird nicht mehr durch eigene Kraft gehalten. Den Fuß des Kreuzes umschlingt die besiegte Schlange des Bösen. Auf den Kreuzarmen erscheinen links und rechts in Kreisen die Personifikationen von Sonne und Mond, die sich in Trauer das Haupt verhüllen. Beide Gestirne betonen die kosmische Bedeutung der Erlösungstat Christi. Diese in aller Schlichtheit so eindrucksvolle Gravierung ist eine der ganz frühen Darstellungen des toten Christus am Kreuz. Sie ist stilistisch dem ebenfalls ottonischen Gerokreuz des Kölner Domes nahe verwandt, dem ältesten erhaltenen Großkreuz, das den Erlöser sogar vollplastisch darzustellen wagt. Die Darstellung des Kreuzes als Leidenswerkzeug — nicht mehr als Siegeszeichen — mit dem gequälten Menschensohn unter der Dornenkrone wird erst in gotischer Zeit zum beherrschenden Thema. Den beiden Kreisdarstellungen der Querarme entsprechen formal zwei Kreise auf dem oberen Teil des Kreuzes. Dic Hand Gottes streckt sich aus dem Heilsbereich mit den Feuerzungen vor, um den Sohn mit dem Lorbeerkranz auszuzeichnen. Der immergrüne Lorbeer ist außer einem Symbol der Unverweslichkeit und des Lebens — frühe Christen betteten ihre Toten auf Lorbeerblätter — ein altes Zeichen des Sieges und des Ruhmes. In dieser Symbolik nehmen nun beide scheinbar so gegensätzlichen Seiten des Lotharkreuzes deutlich Bezug aufeinander. Augustus ist als Triumphator mit dem Lorbeerkranz im Haar dargestellt. Christus hat durch seinen Opfertod Sünde und Tod besiegt und erhält vom Vater den Lorbeerkranz des Siegers.

Was hat die Taube im Kranz zu bedeuten? Sie kann Symbol des

Heiligen Geistes sein, aber auch des Sieges und des Friedens. Als Friedenszeichen würde sie noch eine zusätzliche Beziehung zum »Friedenskaiser« Augustus der Gegenseite herstellen, in dessen Regierungszeit Jesus geboren ist.
Es gehört zu den Besonderheiten dieses einzigartigen Kunstwerkes, daß seine zwei Kreuzseiten auch dem Gläubigen, der die fast unerschöpflichen geschichtlichen und symbolischen Bezüge nicht kennt, eine der christlichen Grundaussagen ganz unmittelbar anschaulich macht: Kreuz und Auferstehung gehören zusammen; Niederlage und Sieg, Schmach und Triumph durchdringen sich; im Tod entsteht das Leben; auf den Karfreitag folgt der Ostermorgen.

Grabplatte Erzbischof Siegfried III. von Eppstein (gest. 1249), Mainz, Dom

Grabplatte Erzbischof Peter von Aspelt (gest. 1320), Mainz, Dom

VICARIUS CHRISTI

Das Lotharkreuz gehört in die Reihe der Kunstwerke, die eine besonders anspruchsvolle Kaiseridee ins Bild setzen: Der Kaiser ist der »Vicarius Christi«, der Statthalter des eigentlichen Königs Christus bis zu dessen Wiederkunft am Jüngsten Tage.

Das Reich wird in Aachen immer wieder als heilig dargestellt. Die Krönungskirche der deutschen Könige betont die unmittelbare Legitimierung der Herrschaft durch Gott. Diese Idee vom sakralen Charakter des König- und Kaisertums wird bereits sichtbar in der Aufstellung des Königsstuhls an der höchsten Stelle in der Kirche, sie hat in ottonischer Zeit ihren Höhepunkt in Elfenbeinsitula, Liuthar-Codex und Lotharkreuz, sie wird in staufischer Zeit gegen alle päpstlichen Ansprüche durchgehalten in der Gestaltung des Schreins für den »heiligen« Karl und findet sich noch im späten Mittelalter in der Aufstellung der Chorfiguren mit Karl dem Großen an der Spitze der Apostel.
Diese Aachener Leitidee wird an einem Gegenbeispiel besonders deutlich. In Mainz etwa, der Kirche der selbstbewußten Erzbischöfe, der Kanzler des Reiches und Kurfürsten, wird in der Mitte des 13. Jahrhunderts der Erzbischof Siegfried III. von Eppstein auf seiner Grabplatte (S. 55 links) dargestellt, wie er zwei deutlich kleineren Königen die Kronen aufsetzt. Noch eindeutiger macht zu Beginn des 14. Jahrhunderts der Erzbischof Peter von Aspelt den Mainzer Standpunkt klar: Übergroß beherrscht seine Gestalt als »Königsmacher« die Darstellung der Grabtumba (S. 55 rechts). Gleich drei Könige drängen sich wie Kinder in den Schutz des Vaters und erhalten von ihm die Zeichen der königlichen Würde. Die Inschrift sagt: »Das Zepter des Reiches hat er Heinrich, dann Ludwig gegeben. Und schließlich gab er Johann das Königreich Böhmen.« Eine solche Darstellung wäre in Aachen undenkbar.

Reichsadler und Lilien. Als Phantasiewappen Karls des Großen ist es im 14. Jahrhundert zum Aachener Stiftswappen geworden. Aachen, Domkreuzgang

KARLSBÜSTE

Betrachten wir zum Abschluß die Karlsbüste (S. 123) aus der Mitte des 14. Jahrhunderts, die mit Recht an zentraler Stelle der Schatzkammer aufgestellt ist. Sie zeigt exemplarisch, wie der große Franke in der Vorstellung des Mittelalters weiterlebt: als der Inbegriff des christlichen Herrschers, allen Nachkommen Vorbild und Maßstab. Ein Idealbild steht vor uns, repräsentativ in jedem Sinne. Aus Silber getrieben sind Gesicht und Hals, die vergoldeten Haare rahmen in elegantem Fluß den Kopf. Ein Bild von Autorität, Glanz, Macht und Größe. Ein Phantasiebild gewiß — und doch scheint Einhards berühmte Beschreibung Karls des Großen merkwürdig genau zuzutreffen: »Er war von breitem und kräftigem Körperbau, hervorragender Größe, die jedoch das richtige Maß nicht überschritt..., das Oberteil seines Kopfes war rund, seine Augen sehr groß und lebhaft, die Nase ging etwas über das Mittelmaß, er hatte schönes graues Haar und ein freundliches, heiteres Gesicht. So bot seine Gestalt... eine höchst würdige und stattliche Erscheinung...« Den Begriff »Phantasiebild« würde das Mittelalter zweifellos als unangemessen zurückgewiesen haben, denn diese Büste ist ein Reliquiar, das die Schädeldecke Karls enthält. Entsprechend ist das Haupt unter der Krone aufklappbar. Damit ist die Karlsbüste ein »sprechendes« Reliquiar, es zeigt sinnfällig im Bild, was es verborgen bewahrt. Karl der Große ist auf diese Weise real präsent. Ähnlich konnte im Kopf des Kruzifixus aus St. Georg in Köln — heute im Schnütgen-Museum — eine geweihte Hostie verborgen werden; so wurde es für einen mittelalterlichen Menschen zu unendlich mehr als einem bloßen »Bild« Christi. Mehrere Quellen des 15. und 16. Jahrhunderts berichten, daß bei der Einholung des zukünftigen Königs die Karlsbüste mitgeführt wurde — die Öffnungen für das Tragholz sind im Sockel zu sehen. Der Erwählte wurde also an der Grenze der Krönungsstadt von Karl dem Großen »selbst« empfangen und zur Krönungskirche geleitet. Es wird vermutet, daß mit der Krone der Karlsbüste Karl IV. 1349 in Aachen gekrönt worden ist. Die Reichskleinodien waren damals noch im Besitz der Erben Ludwigs des Bayern, so daß der Luxemburger eine »Ersatzkrone« mitbringen mußte, die er nach seiner Krönung dem Dom geschenkt haben könnte. Die Karlsbüste wäre dann wenig später als würdiger Träger des königlichen Geschenks entstanden. Vielleicht ist damals auch der Kronenbügel mit dem Kreuz hinzugefügt worden, der nicht ursprünglich ist. 1414 wurde Sigismund mit dieser Krone gekrönt.
Die Karlsbüste ist mit dem Adler als Wappentier des Deutschen Reiches verziert. Der Sockel zeigt auf blauem Grund die Lilien

der französischen Könige. Diese Verbindung wurde zum Stiftswappen des Aachener Münsters, das auf Karl den Großen bezogen wurde. Als nach dem Zweiten Weltkrieg die Bürger der schwer getroffenen Grenzstadt Aachen an den Wiederaufbau gingen, wollten sie auch einen Beitrag zur Beseitigung der geschichtlichen Trümmer leisten, die sich zwischen den europäischen Nachbarn aufgetürmt hatten. Sie stifteten den »Internationalen Karlspreis der Stadt Aachen« für Verdienste um die politische, wirtschaftliche und geistige Einigung Europas. Konnte es für diese Idee ein sinnfälligeres Zeichen geben als das alte Stiftswappen mit seiner selbstverständlichen Vereinigung von Adler und Lilie? So wird dieses Wappen bei allen Preisverleihungen im Rathaus gezeigt. Es hat einen tiefen Sinn, daß die Hoffnung der europäischen Völker auf Einigkeit und Frieden mit dem Namen Karls des Großen verbunden ist, der schon zu Lebzeiten »Vater Europas« genannt wurde.

SCHLUSS

Der Aachener Dom bewahrt in seinem Kern, dem karolingischen Oktogon, die repräsentative Pfalzkirche des ersten Kaisers der abendländischen Christenheit. Die Größe und Höhe der Kuppel — seit der Römerzeit nördlich der Alpen erstmalig gewagt und für dreihundert Jahre unübertroffen —, die antiken Säulen, die Bronzetore und Bronzegitter zeigen Macht und Reichtum des kaiserlichen Auftraggebers. Diese Kirche wird auch die Begräbnisstätte des großen Franken.

Otto I. bestimmt 936 Aachen zum Ort seiner feierlichen Wahl und Krönung; er besteigt den Thron im Obergeschoß und begründet damit eine Tradition, die die Pfalzkapelle sechshundert Jahre lang zur Krönungskirche der deutschen Könige macht. Für das mittelalterliche Rechtsempfinden muß ein Herrscher am »rechten Ort«, das heißt in Aachen, geweiht und gekrönt sein, und er muß hier auf dem Thron gesessen haben.

In gotischer Zeit erweitert sich die Bedeutung der Pfalzkapelle wiederum, sie wird während der Heiligtumsfahrten zum Ziel zahlloser Pilger, vor allem aus Osteuropa. Die Gotik fügt dem Karolingerbau das »Glashaus« des Chores hinzu, unvergleichliches Mausoleum des inzwischen heiliggesprochenen Kaisers, dessen Gebeine im Karlsschrein eine neue Ruhestätte gefunden haben.

Die jahrhundertelange Wertschätzung und Verehrung der Aachener Marienkirche als Karls des Großen Grabstätte, als Krönungs- und Pilgerkirche zeigt sich nicht zuletzt in ihrer wertvollen Ausstattung. Dazu gehört auch die Schatzkammer, die kaum ihresgleichen hat. Vielleicht ist es kein Zufall, daß der Aachener Dom 1978 als erstes Bauwerk der Bundesrepublik in die UNESCO-Liste des Weltkulturerbes aufgenommen worden ist.

Der Dom ist für die Aachener nicht nur äußerer Mittelpunkt, er ist das Herz ihrer Stadt.[99] Der uralte Zentralbau scheint eine geheime Anziehungskraft auszuüben. Diese Kirche ist so gut wie nie völlig leer. Neben den zahlreichen Kunstinteressierten sind stets einzelne Menschen anzutreffen, die einen Augenblick verweilen, ruhig werden, beten. Immer brennen Kerzen. Liebevoll salopp und zugleich treffend sagt der Aachener, sein Dom sei »gemütlich«. Und noch etwas ist in Aachen unerschütterlich: die Verehrung für Karl den Großen. Zwar wird seine Heiligkeit nur mit einem gewissen Schmunzeln erwähnt, aber der Respekt vor seiner geschichtlichen Größe bleibt davon unberührt. Der Dom und Karl der Große bilden im Bewußtsein der Aachener eine unlösbare Einheit. Das wird zumindest jedes Jahr am Karlsfest (28. Januar) spürbar, wenn beim feierlichen Pontifikalamt eine lateinische Sequenz aus dem frühen 13. Jahrhundert angestimmt wird — jeder singt mit, ob er nun Latein versteht oder nicht:

»Urbs aquensis, urbs regalis,
regni sedes principalis . . .«

»Aachen, königliche Stadt, erster Sitz des Reiches . . .«, heißt es da mit einigem Selbstbewußtsein; Aachen soll Gott, dem König der Könige, Loblieder erschallen lassen; die Stadt freut sich »de magni regis . . . Caroli praesentia«, »über die Anwesenheit des großen Königs Karl«, dessen irdische Hülle im Karlsschrein ja tatsächlich bis heute gegenwärtig ist.

Eine Goldschmiedearbeit des 14. Jahrhunderts (vgl. die Rückseite des Schutzumschlages) veranschaulicht die enge Beziehung zwischen dem ehrwürdigen Bauwerk und seinem Gründer in einem symbolträchtigen Bild: Karl der Große hält den Dom — in gotischer Gestalt! — als sein Werk in beiden Händen und schenkt es der Himmelskönigin, der die Kirche geweiht ist. Der Kunsthistoriker G. Dehio hat die Erkenntnis der Wissenschaft so formuliert: Der Name Karls ist »der erste Personenname, der in der deutschen Kunstgeschichte zu verzeichnen ist und nach dem Maße der von ihm ausgehenden Wirkungen der größte; kein Künstler hat diesen Nichtkünstler darin je erreicht«.[100]

ANMERKUNGEN

[1] H. Löwe, Deutschland im fränkischen Reich, in: B. Gebhardt, Handbuch der deutschen Geschichte, Bd. 1, Stuttgart 1959, S. 142

[2] B. Fischer, Bibeltext und Bibelreform unter Karl dem Großen, in: Karl der Große, Bd. 2, Das geistige Leben, Düsseldorf 1965, S. 178

[3] Der Name Pfalz-»Kapelle«, der nach heutigem Sprachgebrauch die für Aachen irrige Vorstellung eines kleineren Gebetsraumes hervorruft, leitet sich von dem lateinischen Wort »cappa«, »Mantel«, her. »Capella«, »kleiner Mantel«, hieß eine im Frankenreich hochverehrte Reliquie, nämlich der Mantel des hl. Martin von Tours. Die bekannte Legende läßt den römischen Reiter seinen Mantel mit dem frierenden Bettler teilen, in dessen Gestalt sich Christus verbirgt. Die fränkischen Könige hielten diese Reliquie stets in ihrer Nähe; sie wurde auch im Krieg mitgeführt. Die Hofgeistlichen, zu deren vornehmsten Aufgaben es gehörte, die Capella zu hüten, hießen Kapelläne. »Und da die Reliquie jeweils in der Pfalzkirche aufbewahrt wurde, in der sich der König gerade aufhielt, wurden auch die Pfalzkirchen Pfalzkapellen genannt.« (J. Flekkenstein, Grundlagen und Beginn der deutschen Geschichte, in: Deutsche Geschichte, hrsg. v. J. Leuschner, Bd. 1, Göttingen 1974, S. 83). L. Falkenstein hat darauf hingewiesen, daß Karl der Große in Aachen für die repräsentative Kirche in seiner Pfalz auch eine eigene kirchliche Institution, ein Stift, gegründet hat; d. h. es gab eine Gemeinschaft von vermutlich zwölf Kanonikern, die für Gottesdienst und Seelsorge in der Marienkirche zuständig waren und für das Seelenheil des Kaisers und den Bestand des Reiches beteten. Sie dürfen nicht mit den Geistlichen der sogenannten Hofkapelle, den erwähnten Kapellänen, verwechselt werden. Diese Kleriker unter der Leitung eines Bischofs — später Erzkapellan genannt — standen dem König ausschließlich zur Verfügung; sie begleiteten ihn von Pfalz zu Pfalz und feierten den Gottesdienst des Herrschers; sie übernahmen auch die schriftlichen Verwaltungsarbeiten des Hofes (vgl. L. Falkenstein, Karl der Große und die Entstehung des Aachener Marienstiftes. Quellen und Forschungen aus dem Gebiet der Geschichte, Neue Folge, Heft 3, Paderborn 1981). Weil also für den Gottesdienst in der Kirche der Aachener Pfalz nicht die Kleriker der Hofkapelle, die Kapelläne, sondern die Stiftsgeistlichen zuständig waren, ist der Name Pfalzkapelle für den Dom zumindest mißverständlich. Er ist aber allgemein gebräuchlich und wird deshalb auch hier beibehalten.

[4] W. Sage, Zur archäologischen Untersuchung karolingischer Pfalzen in Deutschland, in: Karl der Große, Bd. 3, Karolingische Kunst, Düsseldorf 1965, S. 326 f.

[5] W. Braunfels, Karl der Große in Selbstzeugnissen und Bilddokumenten (rowohlts monographien 187), Hamburg 1972, S. 109

[6] H. Beumann, Grab und Thron Karls des Großen zu Aachen, in: Karl der Große, Bd. 4, Das Nachleben, Düsseldorf 1967

[7] L. Hugot, Baugeschichtliches zum Grab Karls des Großen, in: Aachener Kunstblätter, Bd. 52, 1984, S. 23

[8] W. Braunfels, Karls des Großen Bronzewerkstatt, in: Karl der Große, Bd. 3, Karolingische Kunst, a.a.O., S. 196

[9] W. Braunfels, Meisterwerke europäischer Plastik, Zürich 1958, S. 228

[10] E. Stephany, Der Dom zu Aachen, Aachen 1983 (20. Auflage; kleiner Domführer), S. 24

[11] A. Wolff, zitiert nach F. Kreusch, Wiederherstellungsarbeiten und baugeschichtliche Beobachtungen am Dom 1973 — 31. 3. 1974, in: Karlsverein zur Wiederherstellung des Aachener Domes, Bericht 1973/1974, Aachen 1977, S. 23

[12] L. Falkenstein, Der »Lateran« der karolingischen Pfalz zu Aachen, Köln/Graz 1966, S. 112

[13] E. Stephany, Der Dom zu Aachen, Aachen 1983 (20. Auflage), S. 3

[14] H. Beenken, Die Aachener Pfalzkapelle. Ihre Stellung in der abendländischen Architekturentwicklung, in: Aachen zum Jahre 1951 (Rheinischer Verein für Denkmalpflege und Heimatschutz), Neuß 1951, S. 78

[15] F. Kreusch, Nach vielen Jahrzehnten wieder im Dom, in: Aachener Volkszeitung vom 25. 1. 1969

[16] H. Schnitzler, Der Dom zu Aachen, Düsseldorf 1950, S. IX

[17] F. Kreusch, Kirche, Atrium und Portikus der Aachener Pfalz, in: Karl der Große, Bd. 3, Karolingische Kunst, Düsseldorf 1965, S. 533

[18] W. Braunfels, Karl der Große in Selbstzeugnissen und Bilddokumenten, a.a.O., S. 95

[19] W. Sage, Zur archäologischen Untersuchung karolingischer Pfalzen in Deutschland, a.a.O., S. 327

[20] H. Jantzen, Ottonische Kunst, München 1947, S. 136

[21] E. Stephany, Die goldene Tafel am Hauptaltar des Aachener Domes, in: Kirchenzeitung für das Bistum Aachen vom 4. 7. 1965

[22] H. Schnitzler, Der Goldaltar von Aachen (Kleine Bücher rheinischer Kunst), Mönchengladbach 1965, S. 8

[23] H. Beenken, Die Aachener Pfalzkapelle, a.a.O., S. 76

[24] W. Schöne, Die künstlerische und liturgische Gestalt der Pfalzkapelle Karls des Großen in Aachen, in: Zeitschrift für Kunstwissenschaft XV, 1961, S. 126

[25] W. Braunfels, Karls des Großen Bronzewerkstatt, a.a.O., S. 168

[26] W. Braunfels, Karls des Großen Bronzewerkstatt, a.a.O., S. 189

[27] W. Braunfels, Karls des Großen Bronzewerkstatt, a.a.O., S. 190

[28] W. Braunfels, Karls des Großen Bronzewerkstatt, a.a.O., S. 191

[29] W. Braunfels, Karls des Großen Bronzewerkstatt, a.a.O., S. 191 f.

[30] W. Braunfels, Karls des Großen Bronzewerkstatt, a.a.O., S. 192

[31] W. Braunfels, Karls des Großen Bronzewerkstatt, a.a.O., S. 202

[32] C. P. Bock, Bericht über die Baulichen Althertümer des Aachner Doms, Manuskript im Domarchiv, S. 117. Zitiert nach H. Appuhn, Zum Thron Karls des Großen, in: Aachener Kunstblätter, Bd. 24/25, 1962/1963, S. 127

[33] J. Buchkremer, Der Königsstuhl der Aachener Pfalzkapelle und seine Umgebung (Sonderabdruck aus Bd. XXI der Zeitschrift des Aachener Geschichtsvereins), Aachen 1899, S. 47 f.

[34] E. Stephany, Der Dom zu Aachen, Mönchengladbach 1958, S. VII

[35] W. Braunfels, Karl der Große in Selbstzeugnissen und Bilddokumenten, a.a.O., S. 109

[36] W. Schöne, Die künstlerische und liturgische Gestalt der Pfalzkapelle Karls des Großen in Aachen, a.a.O., S. 118

[37] W. Schöne, die künstlerische und liturgische Gestalt der Pfalzkapelle Karls des Großen in Aachen, a.a.O., S. 128

[38] J. Buchkremer, Die Seele der Aachener Pfalzkapelle Karls des Großen, in: Zentralblatt der Bauverwaltung, Heft 36, Berlin 1940, S. 196. Zitiert nach W. Schöne, Die künstlerische und liturgische Gestalt der Pfalzkapelle Karls des Großen in Aachen, a.a.O., S. 128

[39] L. Hugot, Der Königsthron im Aachener Dom, Koldewey-Gesellschaft. Bericht über die 29. Tagung für Ausgrabungswissenschaft und Bauforschung vom 26.—30. Mai 1976 in Köln (1978), S. 42

[40] L. Hugot, Der Königsthron im Aachener Dom, a.a.O., S. 42

[41] L. Hugot, Der Königsthron im Aachener Dom, a.a.O., S.40

[42] L. Hugot, Der Reichssitz im Aachener Dom. Karl der Große und »sein« Thron. Neues Material zur Datierungsfrage, in: Aachener Volkszeitung vom 20. 5. 1967

[43] C. P. Bock, Bericht über die Baulichen Althertümer des Aachner Doms, Manuskript im Domarchiv. Vgl. Hugot, Der Königsthron im Aachener Dom, a.a.O., S. 37

[44] P. E. Schramm, Herrschaftszeichen und Staatssymbolik. Beiträge zu ihrer Geschichte vom dritten bis zum sechzehnten Jahrhundert, Bd. I, Stuttgart 1954, S. 347

[45] P. E. Schramm, Herrschaftszeichen und Staatssymbolik, a.a.O., S. 349

[46] P. E. Schramm, Herrschaftszeichen und Staatssymbolik, Bd. III, Stuttgart 1956, S. 1097

[47] W. Boeckelmann, Von den Ursprüngen der Aachener Pfalzkapelle, in: Wallraf-Richartz-Jahrbuch, Bd. 19, 1957, S. 15

[48] G. Bandmann, Die Vorbilder der Aachener Pfalzkapelle, in: Karl der Große, Bd. 3, Karolingische Kunst, a.a.O., S. 425

[49] A. Verbeek, Die architektonische Nachfolge der Aachener Pfalzkapelle, in: Karl der Große, Bd. 4, Das Nachleben, Düsseldorf 1967, S. 150

[50] G. Bandmann, Die Vorbilder der Aachener Pfalzkapelle, a.a.O., S. 439

[51] G. Bandmann, Die Vorbilder der Aachener Pfalzkapelle, a.a.O., S. 441

[52] H. Beenken, Die Aachener Pfalzkapelle, a.a.O., S. 67

[53] K. Faymonville, Das Münster zu Aachen (Die Kunstdenkmäler der Rheinprovinz, Bd. X), Düsseldorf 1916, Nachdruck Düsseldorf 1981, S. 83

[54] F. Kreusch, Kirche, Atrium und Portikus der Aachener Pfalz, a.a.O., S. 470

[55] W. Braunfels, Karl der Große in Selbstzeugnissen und Bilddokumenten, a.a.O., S. 104

[56] J. Fleckenstein, Karl der Große (Persönlichkeit und Geschichte, Bd. 28), Göttingen 1962, S. 8

[57] H. Borger, in: Das Essener Münster, hrsg. v. L. Küppers, Essen 1963, S. 37

[58] E. Stephany, Heiligtumsfahrt, in: Rhein und Maas. Kunst und Kultur 800—1400, Bd. 1, Köln 1972, S. 142

[59] Auch das 20. Jahrhundert hat der Geschichte der Aachener Heiligtumsfahrt noch einen neuen Aspekt hinzugefügt: 1937 war das Jahr der ersten Heiligtumsfahrt seit Hitlers Machtergreifung. Die Nationalsozialisten ließen sich die scheinbar günstige Gelegenheit nicht entgehen, die ja auch für den Gläubigen mit mancherlei Problemen belastete Reliquienverehrung im allgemeinen und die Aachener Heiligtümer im besonderen mit beißendem Spott und Hohn zu übergießen. Doch hatte das Regime die Lebendigkeit und Wandlungsfähigkeit des jahrhundertealten Brauchtums unterschätzt. Rund 800 000 Menschen strömten zum Aachener Dom, um in »stummem Protest« zu zeigen, welcher Seite sie sich zugehörig fühlten. (Vgl. P. Emunds, Der stumme Protest. Studie zu Vorgängen im Zusammenhang mit der Heiligtumsfahrt 1937, Aachen 1963.) Einen ähnlichen Solidarisierungseffekt hatte es übrigens schon bei früheren Heiligtumsfahrten gegeben, so 1839, als der Kölner Erzbischof wegen der Mischehenfrage in preußischer Festungshaft saß, oder 1874 während des Kulturkampfes.

[60] B. Tuchman, Der ferne Spiegel. Das dramatische 14. Jahrhundert, Düsseldorf 1980, S. 9

[61] Nach W. Schäfke, Frankreichs gotische Kathedralen, Köln 1979, S. 155

[62] E. Stephany, Zur Verglasung der Chorhalle am Aachener Dom, in: Aachen zum Jahre 1951 (Rheinischer Verein für Denkmalpflege und Heimatschutz), Neuß 1951, S. 120

[63] E. Stephany, Zur Verglasung der Chorhalle am Aachener Dom, a.a.O., S. 121

[64] H. P. Hilger, Der Weg nach Aachen, in: Kaiser Karl IV. Staatsmann und Mäzen (hrsg. v. F. Seibt aus Anlaß der Ausstellungen in Nürnberg und Köln 1978/79), München 1978, S. 355

[65] Nach W. Schäfke, Frankreichs gotische Kathedralen, a.a.O., S. 199

[66] E. Stephany, Der Karlsschrein (Kleine Bücher rheinischer Kunst), Mönchengladbach 1965, S. 18

[67] H. Löwe, Die Staufer als Könige und Kaiser, in: Die Zeit der Staufer. Geschichte — Kunst — Kultur (Katalog der Ausstellung), Bd. III, Stuttgart 1977, S. 21

[68] H. Löwe, Die Staufer als Könige und Kaiser, a.a.O., S. 21

[69] H. Stehkämper, Könige und Heilige Drei Könige, in: Die Heiligen Drei Könige — Darstellung und Verehrung (Katalog zur Ausstellung in Köln), Köln 1982, S. 38

[70] E. Dassmann, Epiphanie und die Heiligen Drei Könige, in: Die Heiligen Drei Könige, a.a.O., S. 18

[71] E. Stephany, in: Wunderwelt der Schreine. Meisterwerke mittelalterlicher Goldschmiedekunst, hrsg. v. H. Busch und B. Lohse, Frankfurt 1959, S. IV

[72] H. Fillitz, Die Insignien und Kleinodien des Heiligen Römischen Reiches, Wien 1954, S. 19

[73] W. Hotz, Pfalzen und Burgen der Stauferzeit, Geschichte und Gestalt, Darmstadt 1981, S. 334

[74] E. G. Grimme, Goldschmiedekunst im Mittelalter. Form und Bedeutung des Reliquiars von 800 bis 1500, Köln 1972, S. 66

[75] Vgl. Quellentexte zur Aachener Geschichte, hrsg. v. W. Kaemmerer, Heft 3, Die Aachener Königs-Krönungen, Aachen 1961, S. 39

[76] E. Stephany, in: Wunderwelt der Schreine, a.a.O., S. VI

[77] F. Kreusch, Bericht über die Bauarbeiten am Aachener Dom im Jahre 1968, in: Berichte des Karlsvereins zur Wiederherstellung des Aachener Domes, Nr. 121/1968, Aachen 1969, S. 35

[78] K. Faymonville, Das Münster zu Aachen, a.a.O., S. 122

[79] P. E. Schramm, Kaiser, Rom und Renovatio. Studien zur Geschichte des römischen Erneuerungsgedankens vom Ende des karolingischen Reiches bis zum Investiturstreit, Darmstadt 1957, S. 140

[80] H. Wentzel, Das byzantinische Erbe der ottonischen Kaiser. Hypothesen über den Brautschatz der Theophano, in: Aachener Kunstblätter, Bd. 43, 1972, S. 73

[81] H. Wentzel, Das byzantinische Erbe der ottonischen Kaiser, a.a.O., S. 62

[82] H. Wentzel, Das byzantinische Erbe der ottonischen Kaiser, a.a.O., S. 71

[83] E. G. Grimme, Der Aachener Domschatz. Mit einer Einführung von E. Stephany, Aachener Kunstblätter, Bd. 42, 1972, S. 43

[84] 1804 weilte Josephine, die Gemahlin Napoleons, sieben Wochen als Badegast in Aachen. Damals wurde ihr neben anderen Kostbarkeiten der sogenannte Talisman Karls des Großen (S. 49) aus dem Domschatz geschenkt, ein Reliquiar, das an einer Kette um den Hals getragen werden kann, eines der ganz wenigen Kunstwerke der karolingischen Goldschmiedekunst, das vielleicht in unmittelbare Beziehung zu Karl dem Großen selbst gebracht werden darf. Otto III. soll bei der Graböffnung des Jahres 1000 dieses Kleinod an sich genommen haben. Das Domkapitel glaubte sich der hohen Besucherin verpflichtet, da durch ihre persönliche Vermittlung der vor den Revolutionsheeren nach Paderborn geflüchtete Domschatz in seine Heimat zurückgekehrt war; Paderborn lag damals für Aachen im Ausland! Heute ist der Talisman wertvollster Besitz des Museums Tau in Reims. Während des Aufenthaltes seiner Gemahlin kam im September auch Napoleon selbst nach Aachen. Im Mai war durch Senatsbeschluß aus dem Ersten Konsul der Kaiser Napoleon geworden, im Dezember sollte die feierliche Salbung und Krönung im Beisein des Papstes in Notre Dame in Paris stattfinden. Mit dem Besuch am Grab Karls des Großen wenige Wochen vor dem großangelegten Staatsakt sollte auch an die karolingische Kaisertradition ange-

knüpft werden. So wird damals der französische Herrscher immer wieder mit dem ersten abendländischen Kaiser in Beziehung gebracht: »Napoleon ist der gottbegnadete Nachfolger Karls«, heißt es in einer Predigt zum Karlsfest, das nun nach längerer Unterbrechung wieder festlich begangen wird, und Bischof Berdolet sagt von seinem Souverän, er sei »ebenso groß, aber glücklicher als Karl der Große . . .« Schon gleich nach Amtsantritt hatte Berdolet eine Büste Napoleons vor dem Hauptportal des Münsters aufstellen lassen. In diesen Zusammenhang gehört wohl auch, daß man 1803 im Dom eine Grabung durchführte, um die Gruft Karls zu finden. Der Kaiser ließ sich am 7. September vom Bischof den Dom und die Reliquien zeigen. »Napoleon betrachtete sie alle, besonders die Reliquie Karls des Großen, sorgfältig und mit großem Interesse.« (Die drei Zitate nach K. Friedrich, Marc Antoine Berdolet. Veröffentlichungen des bischöflichen Diözesanarchivs Aachen, Bd. 32, Mönchengladbach 1973, S. 138, 133, 140.)

85 W. Braunfels, Karl der Große in Selbstzeugnissen und Bilddokumenten, a.a.O., S. 113

86 H. Jantzen, Ottonische Kunst, a.a.O., S. 81

87 H. Jantzen, Ottonische Kunst, a.a.O., S. 78

88 E. G. Grimme, Die Geschichte der abendländischen Buchmalerei, Köln 1980, S. 69. Vgl. auch: E. G. Grimme, Das Evangeliar Kaiser Ottos III. im Domschatz zu Aachen. Freiburg 1984

89 J. Taralon, in: Die Zeit der Ottonen und Salier (Universum der Kunst, hrsg. v. A. Malraux und A. Parrot), München 1973, S. 268 ff.

90 E. G. Grimme, Der Aachener Domschatz, a.a.O., S. 24 f.

91 R. Kahsnitz, Das Ardennenkreuz. Eine crux gemmata aus karolingischer Zeit, in: Das Schatzhaus der deutschen Geschichte. Das Germanische Nationalmuseum, hrsg. v. R. Pörtner, Düsseldorf 1982, S. 135

92 R. Kahsnitz, Das Ardennenkreuz, a.a.O., S. 135

93 R. Kahsnitz, Das Ardennenkreuz, a.a.O., S. 134

94 P. Schmitz, Der Augustus-Kameo und der Grazienstein des Aachener Lotharkreuzes, in: Gymnasium, Zeitschrift für Kultur der Antike und humanistische Bildung, 59. Jg. 1952, S. 210 f.

95 P. Schmitz, Der Augustus-Kameo und der Grazienstein des Aachener Lotharkreuzes, a.a.O., S. 214

96 P. E. Schramm, Kaiser, Rom und Renovatio, a.a.O., S. 155

97 P. Schmitz, Der Augustus-Kameo und der Grazienstein des Aachener Lotharkreuzes, a.a.O., S. 218 f.

98 P. Schmitz, Der Augustus-Kameo und der Grazienstein des Aachener Lotharkreuzes, a.a.O., S. 219

99 Ein eindrucksvolles Zeugnis der Liebe und der Opferbereitschaft von Aachenern für ihren Dom ist die Geschichte der sogenannten Domwache in den Bombennächten des Zweiten Weltkrieges. Als sich herausstellte, daß die zuständigen Stellen den Brandschutz des Bauwerks nicht gewährleisten konnten, bildete sich im Jahre 1941 freiwillig und aus eigener Initiative eine Gruppe von etwa zwanzig Jugendlichen — darunter auch zwei Mädchen —, die fest entschlossen waren, den Dom nicht abbrennen zu lassen. Unter der Leitung des Ingenieurs Stephan Buchkremer, eines Sohnes des Dombaumeisters, überwanden sie mit Mut und Phantasie die vielfältigsten Schwierigkeiten, lernten den Umgang mit Löschgeräten, trainierten alle notwendigen Fähigkeiten, erkletterten auch die unzugänglichsten Stellen in den komplizierten Dachkonstruktionen des alten Gebäudes. Oft unter Lebensgefahr und mit zäher Ausdauer kontrollierten sie immer wieder die zahllosen verwinkelten Dachflächen, um aufflackernde Brände möglichst frühzeitig bekämpfen zu können. Hunderte von Brandbomben machten sie im Lauf der letzten Kriegsjahre auf diese Weise unschädlich. Diesen Jugendlichen ist die Erhaltung des Aachener Domes zu verdanken. (Vgl. H. Hoffmann, Aachens Dom im Feuersturm. Die tausend Kriegsnächte der Mädchen und Jungen der Domwache 1941—1945. Düsseldorf 1984)

100 G. Dehio zitiert nach H. Schnitzler, Der Dom zu Aachen, a.a.O., S. XIII

Die charakteristische Silhouette des Domes vom Katschhof aus (Aufnahme 1951). Gotische Chorhalle. Karolingisches Oktogon mit romanischen Blendarkaden und Ziergiebeln, barockes Faltdach mit Laterne. Neugotischer Turm und Verbindungsbrücke zum Oktogon. Links gotische Hubertus-/Karlskapelle, rechts gotische Nikolauskapelle (vgl. Abb. S. 39 rechts) ▷

◁ Der Dom von Süden (Münsterplatz). Karolingischer Zentralbau, Westturm; links Ungarische Kapelle, rechts Annakapelle (Die Skulpturen stellen die »heilige Sippe« dar; 1871 von G. Götting). Die zweigeschossigen Kapellen vermitteln optisch den Übergang zwischen Sechzehneck und Chorhalle (vgl. Abb. S. 10)

▷ Apsis der Chorhalle. Die Wasserspeier sind gotisch; die Pfeilerfiguren bilden den »Hofstaat Mariens« (G. Götting, 1873)

Karolingisches Mauerwerk. Blick vom Münsterplatz aus. Steinmaterial aus der Eifel, den Ardennen, von den Ufern der Maas, aus antiken Ruinen; Grauwacke, Blaustein, Tuff ... Ursprünglich verdeckte eine Putzschicht das heutige Farbenspiel

Domhof (ehemaliges Atrium) mit dem karolingischen Teil des Westbaus und dem barocken Portalvorbau in der großen Eingangsnische

◁ Wolfstüre. Bronze, um 800 in Aachen gegossen. Seit 1788 in die barocke Vorhalle eingesetzt

△ »Wolf« (Bärin). Bronze, römische Brunnenfigur, 2. Hälfte des 2. Jahrhunderts n.Chr. Eingangshalle des Domes

Löwenkopf vom rechten Flügel der Wolfstüre. Bronze, um 800. Der Bronzering ist verloren

Löwenkopf vom rechten Flügel der Türe zur Karlskapelle. Bronze, um 800

△ Blick aus dem unteren Umgang auf die nordwestliche Oktogonarkade

▷ Säulen und Gitter — der Schmuck des karolingischen Bauwerks.
Blick im Obergeschoß von Osten nach Norden

UCTURA MANEBIT SI
FECTA AUCTOR PROTEGAT

Fünf Seiten des Achtecks. Blick von Osten nach Westen

UE PIIS DAT STUDIIS HOMINUM QUORUM PERPETUI DECORIS STRUCTURA MANEBIT SI

△ Hauptaltar im östlichen Teil des Umgangs

Heiligtumsfahrt 1972. An den Pfeilern sind die vier großen Heiligtümer ausgestellt; rechts das sogenannte Kleid der Muttergottes. Die 48 Kerzen des Barbarossaleuchters brennen. Rechts neben dem Altar das Lotharkreuz ▷

◁ Gnadenbild des Domes, der Maria geweiht ist (Patronatsfest seit 1803 am 15. August: Mariä Himmelfahrt). Die sichtbaren Holzteile gehören zu einer Muttergottesfigur des frühen 14. Jahrhunderts. Nach einem Brand 1676 mußte die übrige Figur nachgeschnitzt werden (jetzt vom Gewand verdeckt)

Barbarossaleuchter unter der Oktogonkuppel. Nach dem Willen seines kaiserlichen Stifters sollte der Leuchter in »Zahl und Gestalt« mit den Maßen des Oktogons »harmonisch sich einend ergänzen« ▷

»Hier erscheinst du im Bild, Jerusalem, himmlisches Sion ...« (Beginn der Inschrift am Leuchter) Barbarossaleuchter. Kupfer vergoldet, nach 1165. Die Wächterfiguren in den Türmen sind verloren. Die gravierten Bodenplatten werden in der Schatzkammer aufbewahrt (vgl. S. 22) ▷▷

△ Goldene Altartafel oder Pala d'oro. Getriebenes Goldblech (provisorischer Holzrahmen), nach 1000
In der Mitte Christus in der Mandorla, Maria, der Erzengel Michael und die vier Evangelistensymbole. Die zehn äußeren Platten stellen Szenen aus der Leidensgeschichte dar

Christus aus der Pala d'oro ▷

Szenen aus der
Pala d'oro:

Einzug in Jerusalem

Judaskuß

Abendmahl

Kreuzigung

Erdgeschoßumgang, rechts Eingang zur Ungarnkapelle. Ein Kreuzgratgewölbe verbindet die abwechselnd vier- und dreieckigen Raumteile. Marmor- und Mosaikverkleidung des frühen 20. Jahrhunderts

Umgang im Obergeschoß. Schwere Scheidbögen trennen die vier- und dreieckigen Raumteile voneinander. Tonnengewölbe

Ausschnitt aus dem karolingischen Bronzegitter im Nordwesten

Ausschnitt aus dem karolingischen Bronzegitter im Norden

Königsthron, »Erzstuhl des ganzen Reiches«, Ort der Thronsetzung mittelalterlicher Herrscher während 600 Jahren. Links der Nikasiusaltar

Der Thron aus parischem Marmor

Der Thron vor dem Westfenster von E. Mataré (1953/54)

Akanthusranke am oberen Rand des Nordwestgitters

△ Blick vom Thron aus auf den Hauptaltar im Untergeschoß und den ursprünglich darüber stehenden Altar im Obergeschoß

◁ Der Thron zwischen den Hoheitszeichen der Säulen. Blick von der Westwand aus

△ Kreuz von der sogenannten Ikonostase (provisorisches Modell eines Abschlusses zwischen oberem Umgang und Chorhalle). Barocker Cruzifixus, gotisches Pilgerkreuz in der Form des Lebensbaumes

Blick vom Obergeschoß des Oktogons in die Chorhalle, »das Glashaus von Aachen«, 1355—1414. In der Mitte die doppelseitig geschnitzte Strahlenkranzmadonna von Jan Bieldesnider, 1524. (In der Chorapsis steht statt des Karlsschreins, der seit 1983 zu Konservierungsarbeiten in der Goldschmiedewerkstatt ist, eine einfache Holzlade mit den Gebeinen Karls des Großen) ▷

◁ Nördliche Chorhallenfenster, gestaltet von A. Wendling 1949/51. Im Gewölbe gotische Queranker

▷ Südliche Chorhallenfenster, gestaltet von A. Wendling 1949/51

◁ Engel mit Drehleier (über dem Kopf ein Steinmetzzeichen). Vierter Chorhallenpfeiler im Norden

◁ Engel mit kleinen Kesselpauken. Fünfter Chorhallenpfeiler im Norden

Apostel Matthias unter hohem Baldachin auf einer Konsole mit singenden Engeln am nördlichen Eingangspfeiler der Chorhalle. Sandstein, 1430 aufgestellt (1849 farblich neu gefaßt) ▷

AMBONIS
MICANTIS REX PIVS
HONORIS
PROPRIO
DAT SANCTISSIMA VIRGO QVO
MERCES

◁ Ambo oder Heinrichskanzel, Geschenk Heinrichs II. noch vor seiner Kaiserkrönung 1014. Buchpult im 19. Jahrhundert erneuert. Treppenaufgang 18. Jahrhundert

△ Ausschnitt vom Ambo, links unten: Bacchus zwischen Weinlaub auf einen Wasser speienden Löwenkopf gestützt. Alexandrinische Elfenbeinschnitzerei, 6. Jh. An beiden Seiten Ornamente in Braunfirnis

Ausschnitt: Isis (von links) mit Schiff und drei Matrosen

Ausschnitt: Isis (von rechts) mit Füllhorn und Tempelchen, in dem ihr Sohn Horus hockt; auf der Kuppel musizierende Putten

◁ Ausschnitt vom Ambo, rechts Mitte: zwischen Edelsteinborten und Braunfirnisstreifen alexandrinische Elfenbeinschnitzerei des 6. Jahrhunderts — Isis von Pharos (Hafen von Alexandria)

◁ Weihwasserkessel (Situla). Elfenbein, um 1000. Metalleinsatz und Henkel 19. Jahrhundert

▷ Ausschnitte vom Weihwasserkessel: thronender Kaiser zwischen Säulen im Obergeschoß des »Oktogons«

▽ Ein aufmerksamer und ein schläfriger Wächter in den Toren der Himmelsstadt

◁ Hubertuskapelle, 1455—1474. Karolingische Bronzetüren, als einzige unverändert an der ursprünglichen Stelle. Die spätgotische Trennwand schließt den Altarraum vom Durchgang zur Krämerstraße ab

▷ Löwenkopf (Ring verloren) und Zierleiste vom linken Türflügel der Hubertuskapelle. Bronze, um 800

◁ Sockelfigur (Steinmetz) in einer Pfeilerhohlkehle der Karlskapelle, 15. Jahrhundert

▷ Nikolauskapelle, vor 1487. Blick nach Südosten

◁ Nikolauskapelle, östlicher Mittelpfeiler

▷ Nikolauskapelle, östlicher Mittelpfeiler in der Gewölbezone

◁ Kreuzgang. Die drei östlichen Joche des südlichen Flügels — als einzige noch aus der Erbauungszeit um 1500 erhalten

△ Zugang vom Kreuzgang zur Nikolauskapelle. Links Michaelstreppe zur gleichnamigen Kapelle und zur Empore der Nikolauskapelle; rechts deren romanisches Portal, das noch vom Vorgänger des in der Gotik neu errichteten Bauwerks stammt

▽ Östlicher Kreuzgangflügel, Blick nach Süden. Spätromanische Schaufassade der Allerseelenkapelle. Hinter den Arkaden Tafelmalerei des frühen 15. Jahrhunderts: Engel mit Musikinstrumenten, Leuchtern und Weihrauchgefäßen. Gotische Hebezange des 14. Jahrhunderts; mit ihr wurden größere Steinblöcke transportiert

Matthiaskapelle (Sakristei). Die linke Türe führt in die Chorhalle, die rechte (mit spätgotischem Türschloß und Beschlägen) zu einer Wendeltreppe, die den Zugang zum Obergeschoß bildet. Die Matthiaskapelle umzieht eine reiche Blendarchitektur, in deren Zwickeln die Propheten dargestellt sind; sie haben den Messias vorhergesagt, dessen Ankunft im Relief über der Türe verkündet wird. Umgeben von den Repräsentanten des Alten Bundes bereitet sich der Priester auf die Meßfeier — das Opfer des Neuen Bundes — vor; das Ja Mariens zur Botschaft des Engels bezeichnet die »Türschwelle« zum Neuen Bund. Wenn der Zelebrant von der Sakristei zum Altar in der Chorhalle geht, vollzieht er diesen Weg der Heilsgeschichte nach ▷

Ausschnitte aus dem Proserpinasarkophag (vgl. Abb. S. 50), Marmor, 2. Hälfte des 2. Jahrhunderts n. Chr.

Flüchtende Venus

Verfolgende Ceres auf Schlangenwagen

Viergespann Plutos, von Merkur geführt

Ottonisches Evangeliar oder Liuthar-Codex, um 990. Doppelseite
Widmung des Evangelienbuches durch den Mönch Liuthar

Verherrlichung des Kaisers Otto (III.)

▽ Lotharkreuz, »Kaiserseite« (vor einer Steinwand der Chorhalle). Um 1000

Lotharkreuz, »Christusseite« ▷

HIC EST IHC NA
ZARENVS REX
IVDEORVM

Edelsteinfassungen des Lotharkreuzes in Schrägsicht

Ausschnitt aus der Karlsbüste, Reliquiar mit der Schädeldecke Karls des Großen. Silber getrieben, teilweise vergoldet, nach 1349

Muttergottes vom Marienschrein; er enthält die vier großen Aachener Heiligtümer. Um 1220 bis 1238